知的資本経営入門

Intellectual Capital Management Introduction

株式会社ICMG
船橋 仁／河瀬 誠
登内大輔／石川博久

北欧で生まれ、日本が育てた、
世界標準の新しい経営モデル

The NEXT GLOBAL STANDARD MANAGEMENT MODEL
born in Scandinavia Countries and grown up in Japan

生産性出版

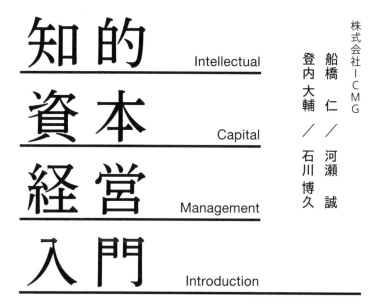

はじめに

株式会社ＩＣＭＧファウンダー・グループＣＥＯ
船橋　仁

知的資本経営とは、会社の〝見えざる価値〟また〝隠れた力〟といえる「知的資本」を可視化し、その知的資本を活用した新たな価値創造を通じて、会社の業績を伸ばし、持続的な成長を可能とし、そして同時に社会にも貢献するという経営手法です。

私たちＩＣＭＧは、２０００年に創業して以来、日本を代表する大企業とともに「知的資本経営」の実践を続けてきました。

古典的な経営モデルの限界

私たちはなぜ、知的資本経営にこだわるのか？　それは、今までの企業戦略の視点だけでは、会社が持続的に成長することは難しくなる、いや、そればかりか存続し続けることさえ難しくなると考えているからです。

今まで主流であった古典的な経営モデルにおいては、経営戦略の策定には事業環境や競争環境の調査とその論理的な分析を重視します。有利な市場で事業を展開する、また他社をベンチマークし、ベストプラクティスを分析し、自社でも同様な戦略を取る。そうした選択が論理的に最も正しい、という考えがベースにあるのです。しかし、こうして作られた戦略は、どうしてもどの会社でも似通ったものになりがちです。

企業とは人の集合体です。一人ひとり違う人の集合体である会社は、それぞれ違うオリジナルな企業文化を持っています。このため、ある会社で大成功した戦略も、別の会社では大失敗に終わる、ということが往々にして起こります。

会社が新たな価値創造を志すときには、一社一社違った戦略を考える必要があります。しかしながら、古典的な経営モデルの視点では、こうした企業文化をうまく捉えることができませんでした。また、企業の価値創造の根源となるものは、そこに所属する一人ひとりの社員です。一人ひとりの社員の知恵が新しい価値を生み出し、また企業文化を作っていく主体なのです。しかしながら、古典的な経営では、人をコストとしてしか認識せず、人の価値（最近の言葉だと「人的資本」）を的確に捉えることは困難でした。

そもそも、古典的な経営モデルの目的とは、会社を「会社の所有者」である株主に最大限に奉仕させること、つまり株主価値を最大化することにあります。

会社にとって株主とは、〝会社にお金を出資した〟という大事な人達です。しかし、会社は株主以外にも、会社の商品やサービスを利用する顧客、会社と取引する購買先や販売代理店といった事業パートナー、会社で毎日働く社員、会社運営の意思決定を日々行う経営者、また会社のある地域に住む住民やその自治体、といったさまざまな人たちや組織（「ステークホルダー」）と関係しながら活動を続けています。

現在、株主価値を絶対視する経営の弊害が認識される中で、株主以外の関係者も重視する「ステークホルダー資本主義」が注目されつつあります。

日本には、江戸時代の近江商人の〝売り手よし・買い手よし・世間よし〟という「三方よし」という経営哲学を持っている会社が数多くあります。まさに昨今のステークホルダー資本主義を先取りしていたと言ってよいでしょう。しかしながら、多くの日本の会社が古典的な経営理論を無批判的に取り入れることで、以前はあった〝会社の良さ〟を自ら破壊していることは、とても残念なことだと思います。

これからの企業経営に求められる「知的資本」と「社会共通パーパス」

では、会社が新たな価値創造を志すときに、古典的な経営モデルの手法を超えて、どのような企業経営が求められるのでしょうか。

ＩＣＭＧは、その柱となるものは、「知的資本という暗黙知」と「社会共通パーパス」の２つであると考えています。

知的資本という暗黙知

業務マニュアルやデータとして明文化・言語化された知識を「形式知」といいます。それに対して「暗黙知」とは、個人の経験や勘に根差した〝言語化できない知〟のことです。熟練の技、デザインのセンス、顧客からの信頼、社員同士のチームワーク、経営者のビジョンといったものが、この暗黙知にあたります。

知識経営の生みの親とされる一橋大学の野中郁次郎名誉教授は、『知識創造企業』（東洋経済新報社）という著作の中で、組織における「暗黙知」が新たな価値創造の源泉となることを指摘しました。そして会社の暗黙知とは、まさに会社の〝見えない資本〟である「知的資本」そのものだといえます。

こうした暗黙知は、その会社の歴史や文化に根ざしたオリジナルなものです。一社一社で異なる知的資本を正しく捉えてこそ、はじめて有効な経営戦略を考えることができます。知的資本の中でもとくに重要なのが、経営陣や従業員の持つ暗黙知である「人的資本」です。その会社ならではの知的資本を形成する出発点となるのは、経営者や社員が持つ経験なのです。知的資本経営の出発点は、人を数字＝コストとしてではなく、一人ひとりが個性を持つ価値創造の源泉、つまり〝知恵の出資者〟として捉えることにあるのです。

社会共通パーパス

また先ほど説明した通り、会社は多様なステークホルダーに支えられて存在しています。ようするに、彼らの共感を得ない限り、会社は存続できないのです。

たとえば、莫大な温暖化ガスを排出し続ける企業、児童を酷使して生産をする企業。仮に現在は大きな利益を上げていても、そんな企業が顧客に支持され続けることはなく、将来的に存在することは不可能となるでしょう。これからの時代の企業は、売上や利益の先にある社会的価値、つまり社会共通といえる「パーパス（社会共通善）」を満たさなければ、存続そのものが困難になります。機関投資家の間でも、こうした社会共通パーパスを本気で実現しようとする会社にこそ投資をしようという姿勢（ＥＳＧ投資）が次第に常識となりつつあります。

「知の共創」と「共創の場」を通じて、新たな価値を創造する

知的資本経営を通じて価値を創造する方法論として、ＩＣＭＧは創業以来「４Ｄサイクル」を提唱しています。詳細は第４章に譲りますが、４Ｄサイクルとは、企業の知的資本を包括的に可視化し社会共通善のパーパスを描いたうえで、それを基盤として組み入れ新たな価値を創造する戦略ストーリーを描き、それを実践することによって、その結果をステークホルダーに説明する、という一連のマネジメントプロセスです。

変革は常に強い信念に基づくリーダーからはじまります。故にそのリーダーの変革に賛同する個々の人財が共鳴・共感するパーパスが大事で、これをリーダーの目的設定能力と説いています。パーパスに共鳴する個人が、組織の壁を超えてつながり、知の共創のネットワークを構築してこそ、組織は徐々に変化していき、やがて大きく生まれ変わっていきます（トランスフォーメーション）。４Ｄサイクルではこうした「知の共創」を通じて、新たな価値を創造していきます。そして「知の共創」を促すために、経営者は自社の利益を超

えた社会共通パーパスへの共感を集め、自社の変革リーダーと社内および社外のパーパスを同じくする〝同志〟との知識交流を促す「共創の場」を整える必要があります。

新たな価値の生成とは、多様な人材が異なる視点を交える「知の交流」を通じて形になっていくのです。こうした知の交流を促進する「共創の場」を用意することが、企業の競争力に直結する時代なのです。私たちが提唱する「フューチャーセンター」(Future Center)は、そうした知の創造と交換により製品、サービス、ブランド等の形にする場所として生まれ変わらなければなりません。

価値創造をステークホルダーに伝えてこそ、会社は存続・発展する

現在では企業価値のほとんどは、財務資本ではなく、〝企業の見えざる価値〟である知的資本が占めています(詳細は本文36頁で説明します)。また先に述べたように、これからの会社はパーパスと知的資本・人的資本を柱とした経営にシフトしていきます。

このため、会社を支えるステークホルダーに対して、自らの知的資本とパーパスを伝え、どのように価値創造をしていくか、また、その価値創造の結果として、ステークホルダーおよび地域社会や地球環境に対して、どのような貢献をするかを語ることが必要となりま

す。

このように、経営者自らが〝自分たちは何者であるか、どのような価値をどう創造するのか、自社は社会にどのような貢献をするのか〟といったことを、自らの言葉で語り実践することこそが、ステークホルダーからの共感を呼び、会社が存続し発展することにつながるのです。

このような思想を背景に、世界中で普及してきているのが「統合報告書」です。国内上場企業の約8割が発行する統合報告書とは、実は知的資本経営をベースとしています。また、その誕生には本書の第5章で説明するように、2007年の経済産業省産業構造審議会経営・知的資産小委員会での答申を出発点に日本政府も深く関わっているのです。

知的資本経営を通じて、よりよい社会を創る覚悟が求められる

知的資本経営の目的とは、社会共通パーパスを実現すること、つまり「よりよい世界を創る」ことです。

私たちICMGも創業以来、社会共通パーパスの実現を掲げて経営を続けてきました。幸いなことに、知的資本経営は、国内では志ある経営者の方々からの共感をいただき、ま

た経済産業省からの支援を受け、世界でも欧州を中心としたThe New Club of Parisや、IIRC（International Integrated Reporting Council, 国際統合報告評議会）との連携のもと、WICI（The World Intellectual Capital/Assets Initiative）により継続的な普及の支援を行なっています。

ICMGは、現在では世界18カ国で、5つの現地法人、21の提携パートナーと連携しています。そして、さまざまな会社との実践を通じ、この新しい経営モデルが実際に活用できるまでに練り上げてきました。

私たちは、志ある仲間とともに、より多くの人に対して豊かな人生と共通善を創り出したいと考えています。そして、より広範囲な社会課題に取り組むにも、志あるリーダーを支援し輩出する「共創の場」が必要です。私たちはそのコミュニティを〝ウィルパワーの森〟と名付け、強いリーダーとしての「智と軸」という資質（第3章参照）を持つ人たちと、ともに歩んでいきたいと考えています。この本を読む方が、私たちの志や考えに共感いただき、ともにチャレンジいただけるならば、私たちにとってこれ以上の幸せはありません。

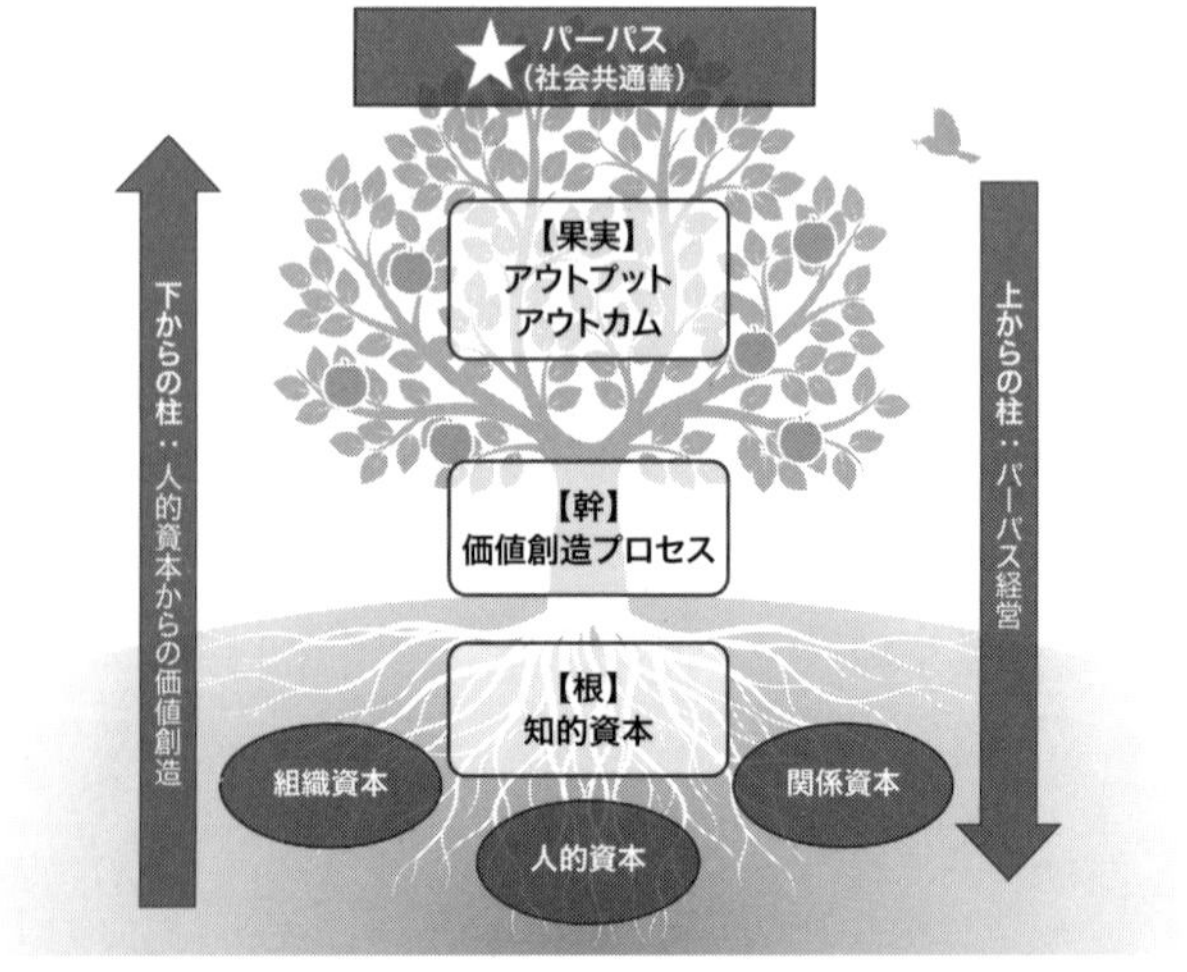
パーパス
（社会共通善）
【果実】
アウトプット
アウトカム
【幹】
価値創造プロセス
【根】
知的資本
組織資本
人的資本
関係資本
下からの柱：人的資本からの価値創造
上からの柱：パーパス経営

目次

第2章　知的資本

〔解説〕知的資本の内訳

第3章 知的資本経営

第４章　知的資本経営の４Ｄサイクル

第5章　知的資本経営の歴史と統合報告書

序章

新しい経営モデルを目指して

現在の資本主義にグレートリセットが唱えられる中、経営モデルにも〝バージョンアップ〟が必要だ。本書で紹介する知的資本経営とは、〝会社の見えざる価値〟である「知的資本」を最大限に活用し、新たな価値を創造することで、自社の業績向上と同時に、社会に「善」を為す、新しい経営モデルである。

世界を豊かにしてきた資本主義

資本主義は偉大な発明だ。

およそ4000年続いた農業社会の時代、人口のほとんどを占めた農民の生活は、概して過酷なものだといえた。食べることに精一杯の生活で、飢餓や感染症による死もすぐ隣り合わせにあった。

そしておよそ400年前、イタリアやオランダの都市国家で資本主義という新しい経済モデルが誕生し、およそ250年前にイギリスではじまった産業革命により、世界は「工業社会」のステージに入った。工業社会の幕開けとともに、蒸気機関が動き製鉄所が稼働し、鉄道と蒸気船が世界を結びはじめた。電灯が街を照らし高層ビルが建ち、自動車が街を走り、飛行機と電話がさらに世界を狭くした。

私たち一般市民も、衣服や洗濯機といった工業製品を手に入れ、映画やテレビ、またインターネットや海外旅行といった娯楽を楽しむ余裕ができた。また、医療も発展し、以前よりずっと健康で長生きできるようになった。

「会社」という組織も、資本主義の主役として、世界を豊かにすることに貢献してきた。現代の豊かな市民生活は、会社が市民を顧客としてモノやサービスを提供したからこそ実現したといえる。

資本主義の「グレート・リセット」

しかし現在、豊かになった世界で、大きな矛盾が広がっている。

たとえば、世界中に普及した自動車のおかげで、人が自由に移動できるようになった反面、自動車は毎年120万人の交通事故死者を生み、深刻な大気汚染を引き起こしている。地球温暖化は危機的状況にあり、アマゾンの森林喪失も進んでいる。先進国の市民が楽しむコーヒーやチョコレート、また電子部品に使われる資源は、生産国の非人間的な労働の上に成り立つものも少なくない。

また、経済が拡大する一方で、世界人口の1％未満の超富裕層が世界の富の99％以上を持つまでに格差が広がってしまった。

これらは、資本主義の「悪い面」が現れた結果だともいえる。

資本主義の下、ひたすら量的拡大を目指すだけでは、こうした地球規模の課題は次第に拡大していくばかりだ。現在の経済システムが拡大し続けた先には、明るい未来、幸福な未来は存在しないかもしれない。

2021年、シンガポールで開かれた世界経済フォーラム（ダボス会議）のテーマが、「グレート・リセット」となったことは象徴的だ。ダボス会議を創設したクラウス・シュワブ氏は、その意義を次のように説明している。

〝世界の社会経済モデルを考え直さないといけない。第二次世界大戦後から続くモデルは、異なる立場の人を包み込めず、環境破壊を引き起こしている。持続性に乏しく、もはや時代遅れとなった。人々の幸福を中心とした経済に考え直すべきだ〟

会社にも「グレート・リセット」が求められている

いまや工業社会に入ってから250年が経ち、モノは世界に溢れ、物質的な欲求は十分満たされている。

いまの若い世代、1980年以後に生まれたミレニアル世代、1995年以後に生まれたZ世代は、消費の量的な拡大より個人の幸せや社会への貢献を大切にする価値観を持っている。モノの過剰生産と消費が地球環境の破壊につながることを理解する彼らは、過剰な物欲を〝恥ずかしいこと〟とさえ考えはじめている。彼らは、いくら安い製品でも、地球環境を破壊し、人権を無視した生産による商品は、選ばなくなっている。

これからの経済は、こうした新しい価値観を持った世代が動かしていく。社会も次第に、非倫理的な会社を認めなくなっている。

たとえば、国連が2015年に採択した持続的成長目標（SDGs）は、世界中の企業で導入が進んでいる。人権に無頓着だったり、地球環境を破壊する会社にも、厳しい目が向けられるようになった。消費者はそうした会社を次第に選ばなくなってきている。

会社もそろそろ「グレート・リセット」をしなければ、生き残っていけなくなる。

経営モデルの「バージョンアップ」が必要だ

会社がグレート・リセットするためには、「新しい経営モデル」が必要だ。

現在、主流となっている経営モデルを「古典的経営モデル」と呼ぼう。この古典的経営モデルの目的は、「株主価値」の最大化だ。

株主価値が高い会社とは、市民に選ばれる製品を提供する会社であり、存在意義のある会社だと考えられてきた。そして、この古典的経営モデルは今まで有効に機能したのだ。

しかしその一方で、株主価値を追い求める古典的経営モデルのもとでは、会社は利益を嵩上げするためには、自然や社会に対して「悪」を為すことを躊躇《ちゅうちょ》しない（もちろん法律等の制限内で）。

利益を生み出さなければ、会社は存続できない。当たり前だ。しかし利益も株主価値も、本質的には会社の存在意義ではなく、会社が存続するための〝手段〟でしかないだろう。私たちは、自社の利益を確保しつつ、顧客に対して価値を創造し、社会に対して「善」を為す、「新しい経営モデル」が必要ではないかと考えている。

こうした新しい経営モデルに転換することで、会社はこれからも社会に対して貢献する存在となってほしい。

「知的資本経営」

ここで私たちが注目したのが、知的資本経営だ。

「知的資本」とは、財務指標に載らない「お金に直接換算できない価値」のことだ。

知的資本は（よく誤解されるが）特許などを意味する「知的財産」とは異なる概念だ。知的資本には、会社が持つ、または生み出すあらゆる価値を含む。たとえば社内であれば、経営者の志の高さ、社員の真面目さ、高い技術力といったものが該当する。また社外との関係では、顧客からの信頼、ブランドの認知、さらには地域社会への貢献、地球環境維持の努力といったものまでが知的資本の視野に入っている。

知的資本経営とは、こうした会社の知的資本、いわば「見えざる会社の価値」を最大限に活用し、新たな顧客を創造し、また社会に「善」をなしていくという経営モデルだ。

「統合報告書」のベースにある知的資本経営

「統合報告書」という言葉を聞いたことがあるかもしれない。

実は、この知的資本経営の概念は、すでに世界で広く使われている。統合報告書は現在、日本の上場企業の8割以上が発行している報告書だ。国内上場企業のみでなく、すでに世界のスタンダードとして広く使われつつある。そして、この統合報告書のベースにある考え方が、まさに知的資本経営なのだ。

ある意味、すでに知的資本経営は、株式市場という資本主義の本丸で、〝次世代の世界標準〟(The Next Global Standard)として普及しつつある、ともいえる。

この知的資本経営は、生まれたのは北欧だが、育てたのは実は日本だといってよい。知的資本経営とは、日本が育てた数少ない世界標準の経営モデルの一つだといえる。この経緯については第5章で説明する。

「新しい経営モデル」をめざして

私たちの会社ＩＣＭＧ(Intellectual Capital Management Group)は、直訳すると〝知的資本経営グループ〟である。私たちは、20年以上に渡り、この「知的資本経営」を研究し、実践してきた。

そしてこうした実践の結果、知的資本経営により、顧客に選ばれ、社会に「善」をなす経営が実現できる。その結果として、自社の業績を向上し、株主価値を高めることも可能とすることが、あらためて見えてきた。

そもそも日本には、江戸時代の近江商人から「三方よし」、つまり〝買い手よし、売り手よし、世間よし〟という、利益だけでなく顧客や社会に貢献する商売の哲学が存在した。また明治時代に日本の資本主義の原型を創ったといえる渋沢栄一翁も、自身の利益の追求と世の利益の追求の調和を説いていた。また、現在のＳＤＧｓの先鞭をつけたものは、東京大学経済学部長を務めた宇沢弘文氏の提唱した「社会的共通資本」だったといえる。

こうした先人の持っていた精神を思い起こしながら、世界に誇れる経営モデルを作ることが、私たちの使命であり夢である。

知的資本経営を通じ、会社は、経営者と社員にはもとより、顧客にも地域の人にもより豊かで幸せな人生を届け、また地域社会や地球にもより多くの「善」をなすことができる。いや、会社だけでなく、知的資本経営をはＮＰＯや教育機関、また自治体や公共団体でも十分活用できる。より豊かに、より幸福にするためにも、私たちは「知的資本経営」をより広め、充実させたいと本気で思っている。

私たちのチャレンジはまだまだ途中とはいえ、本書では、私たちが顧客と一緒になって創り上げてきた「知的資本経営」を紹介したい。

第1章

新しい経営モデル

新しい経営モデルを考えるにあたって、現在の株式会社の仕組みをあらためて振り返り、現在の会社経営の基盤となっている「古典的経営モデル」についてあらためて見てみよう。

そして、この古典的経営モデルの課題と、新しくアップデートした「新しい経営モデル」が備えるべき要件を考えてみたい。

最後に、新しい経営モデルの一つである「知的資本経営」を紹介する。

株式会社の構造

株式会社のルーツは、貿易船

欧米の株式会社のルーツは、大航海時代の貿易船だとされる。

当時の貿易は、リスクの大きな冒険だった。大きな帆船の建造には大金が必要だ。航海に成功すれば巨額の富を得ることができたが、途中で難破したり海賊に襲われる船も多く、そうなるとお金は全く戻ってこない。当初、そんなリスクを取れるのは、スペインやポルトガルといった大国の王室くらいで、民間の商人が手出しをできるような代物ではなかった。

そこで当時のオランダで登場したのが、東インド会社という世界で最初の株式会社だ。商人たちがお金を出し合い、貿易船を用意する。そして船が無事に帰ってきたら、利益をみんなで山分けして、プロジェクトは解散する。貿易船が帰らなくても、商人(株主)

が出資分を損するだけだ。これなら商人も自分の取れるリスクの範囲内で貿易船に出資できる。

この貿易船への出資が、株式会社の原点だとされている。

貿易船の目的は、株主により多くの利益を戻すことだ。では、この貿易船は誰のものか？それは当然、貿易船を作るお金を出した商人たち、つまり株主のものだ。船長は、株主が臨時で雇う専門職であり、貿易船の所有者ではない。

船員も、船長や株主が雇う貿易船の使用人であり、貿易船の所有者ではない。

それではなぜ株主は、貿易船にお金を出すのだろう？

それは、出資した金額以上の、より多くのお金が戻ることを期待するからだ。貿易船の目的は、所有者である株主をより多く儲けさせることだ。

その過程で、相手国の住民が貿易船で持ち込まれた疫病で死のうとも、売られた奴隷が虐待されようとも、お金という接点でしか貿易船に関わらない株主には、関係のないことだった。

株式会社の目的は、株主価値の最大化

貿易船に起源を持つ株式会社でも、その所有者は株主だ。

現在の会社法にも、〝株式会社の所有者は株主である〟と明確に書かれている。株主こそ経営主体（プリンシパル）であり、会社や経営者は株主に尽くす代理人（エージェント）という位置付けだ。

そして株式会社の目的とは、所有者である株主に、より多く儲けさせることだ。経営学の言葉でいうと「株主価値の最大化」だ。

株主価値は、発行済株式の数に「株価」を掛けた「時価総額」と等しい。つまり古典的経営モデルでは、株式会社（上場企業）は可能な限り株価を高く維持することが求められる。

また会社の企業価値とは、将来発生するキャッシュフローの合計（正確には割り引いた後の利益の合計）としても定義される。そしてこの企業価値は、株主価値と借入金の合計に等しいとされる（図表1－1）。

つまり単純にいうと、株式会社とは、将来に渡って生まれる利益を、所有者である株主と金の貸し手である銀行に分配するための組織だ。だからこそ、株式会社の価値とは株主と銀行の〝取り分〟の合計に等しいのだ。

このように、古典的経営モデルでは、株価と企業価値は直接連動している。

上場企業の経営者が、日々の自社の株価の動きに注目し、株価の値動きに一喜一憂するのは、株価が自社の企業価値を示すと信じているからなのだ。

企業価値と財務諸表

会社は所有者である株主に対して、定期的に財務諸表を〝開示〟して経営状況を報告する。

経営者にとっても、会社の売上や利益を示す損益計算書と、現金の出入りを示すキャッシュフロー計算書といった財務諸表は、経営の指針として重要だ。しかし、株主にとってより重要な財務諸表とは、貸借対照表（「バラ

図表1-1　株主価値と企業価値

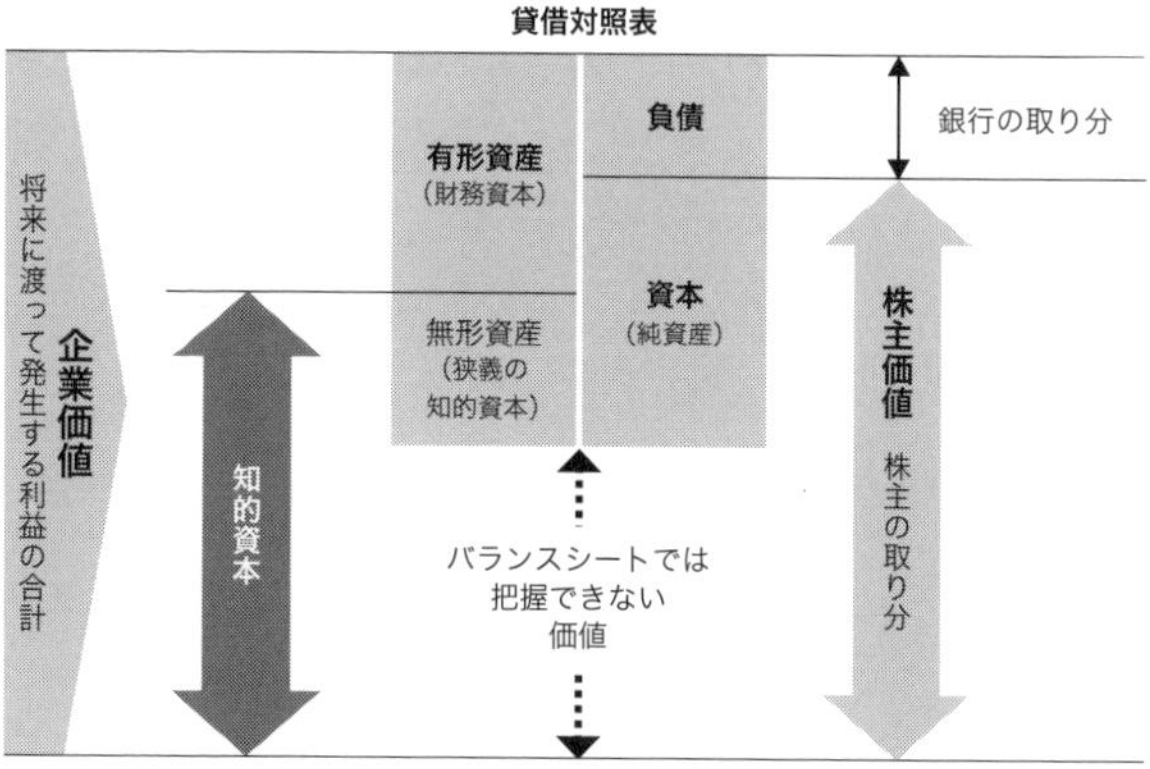

※図と説明は、わかりやすさを優先し、細部や例外は省略している
※株主価値＝時価総額＝株価 × 発行株式数

ンスシート」）と利益処分計算書だろう。

貸借対照表とは、経営活動の結果としての財務的な資本を表すものだ。そして、利益処分計算書とは生まれた利益をいかに株主に還元するかを表すものだ。

貸借対照表の左列に記載される資産には、有形資産と無形資産がある。有形資産には、現預金や売掛金といった金銭的な資産と、製造設備や在庫といった金銭以外の資産がある。本書では以後、有形資産を「財務資本」と呼ぶ。

貸借対照表の右列には、銀行の取り分である負債の部と、株主に関連する資本の部がある。資本の部は、株主が出資した資本金と、会社が利益から捻出し積み上げた利益剰余金がある。

会社の経営には、いかに左列の資産を効率的に使って利益をあげ、右列の資本を積み増せるかが問われるのだ。

企業価値の大半を占める知的資本

本書でいう「知的資本」とは、財務諸表では直接把握できない会社の価値のことだ。会社の〝見えざる価値〟または〝隠れた力〟だと表現されることもある。知的資本の内訳には、経営者や社員の能力、技術力や営業力、また顧客からの信頼やブランドといったものが含まれる。

この知的資本は、会計上では非財務資本と同義といってよい。また、知的資本の価値は、会計的には、企業価値から有形資産を引いたものとして算出できる。

このように計算すると、図表１－２に示すように、企業価値のうち知的資本の占める割合は、１９７５年には２割未満しかなかったが、２０２０年には９割に達している。

いまや企業価値の大半は、知的資本なのだ。知的資本を看過して企業価値を議論することに意味はない。企業価値を語るためには、知的資本こそを語らなければならないのだ。

図表1-2　企業価値における財務資本と知的資本の割合

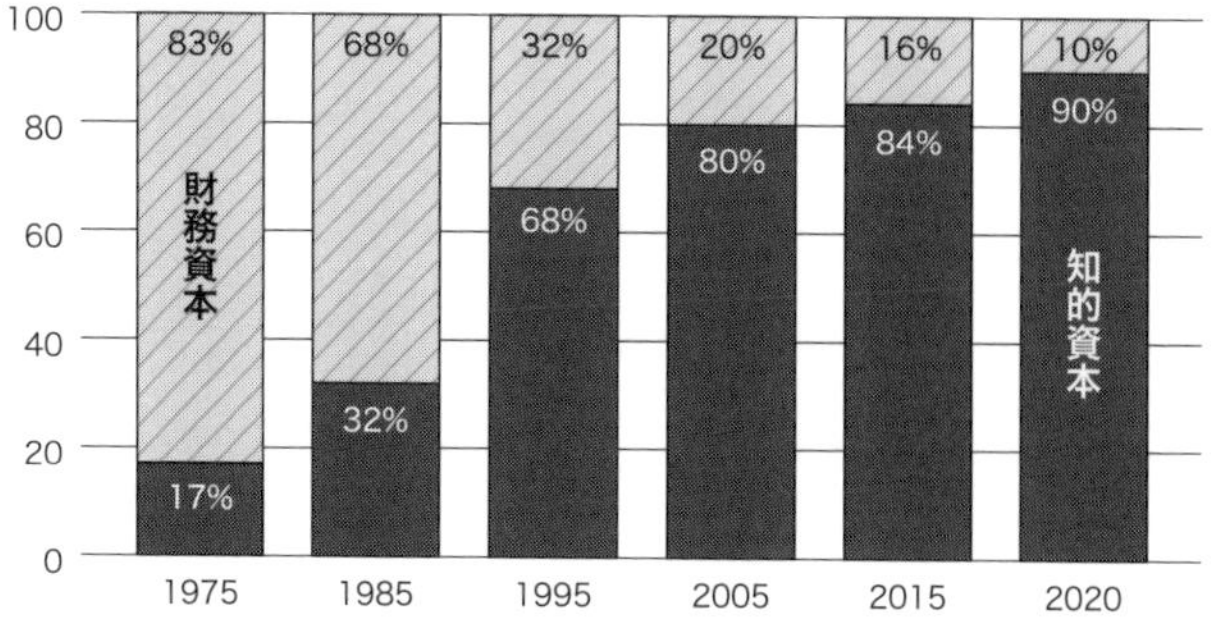

出典：　OCEAN TOMO, A PART OF J.S.HELD, Intangible Market Value Study, 2020 S&P500 企業に対する調査

古典的経営モデルとその限界

古典的経営モデルの構造

古典的経営モデルは、図表1－3のように図式化できる。

会社は「事業活動」を通じて、顧客にさまざまな商品やサービスを「アウトプット」として提供する組織だ。その活動のために期初の財務資産を「インプット」として活用し、期末にあらたな財務資産を「アウトカム」として残していく。

古典的経営モデルは、こうした事業活動をすべて〝お金という言語〟でマネジメントできると考える。

インプットとアウトプットは、貸借対照表にある財務資本そのものだ。顧客に対する売上や他社との取引もお金で捉えることができる。また会社内の活動も予算を策定し、お金の流れを制御することで操作できると考えるのだ。

古典的経営モデルは、会社という組織を〝株主のためにお金を生み出す機械〟だと見なしている。そして、会社を機械のように精密に動かす経営こそを理想としている面がある。会社という機械を動かすために、徹底した調査と分析が必要であり、合理的な戦略を策定し、精緻《せいち》な計画により間違いなく制御すべきだと考えるのだ。

こうした世界において、従業員とは機械の厄介な付属品だ。〝機械の歯車〟として設計図通り動くべき存在であり、自発的行動や創意工夫などといった余計な雑音を出しては困るのだ。

実情に合わなくなった古典的経営モデル

この古典的経営モデルが、物質的に世界を豊かにしてきたことは事実である。

図表1-3　古典的経営モデル

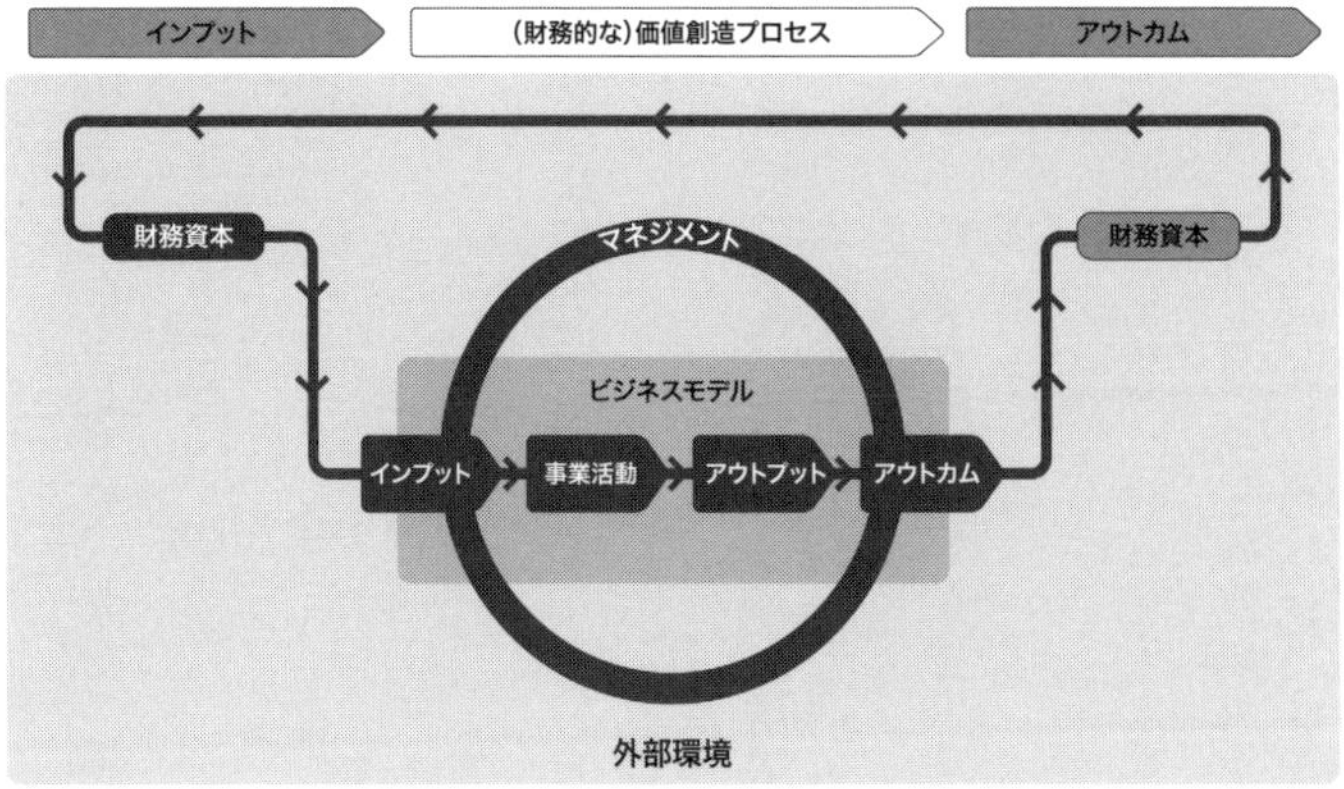

しかし、このモデルは、次第に社会や地球にとって危険な存在となってきたとの指摘も多くなってきた。古典的経営モデルは、株主の利益の最大化をその目的とする一方で、顧客や地域社会といった他の関係者（ステークホルダー）の利害をほとんど顧みないからだ。

次から、古典的経営モデルの抱える矛盾について説明する。

［矛盾1］企業価値を株価で本当に説明できるのか？

〝企業価値は、株価と直接連動する〞と現代の経営理論は明快に説明している。

しかし、本当にそうだろうか？

理論的には株価は経営の基礎的条件（ファンダメンタル）から算定できるとされるが、現実の株価は日々変動する。

また、理論的に株価を算定するはずの正味現在価値（NPV）という手法も、ある意味で恣意的に設定できる割引率の数値などで、計算結果を変えることもできる。

もちろん、創業期から経営者を支えるベンチャー投資家や長期的な視点で投資先をよく理解し株式を保有する機関投資家もいる。しかし株式市場では、会社の名前と株価以外を知らないままに投資する一般投資家（〝投機家〞というべきかもしれない）が株価を動かしているのが現実だ。一時的なニュースやIR活動の巧拙によって大きく変わる株価は、投資家による人気投票の結果でしかない、という面は否定できない。

コロコロと気まぐれに変わる株価から計算される企業価値を、本当の企業価値だと思ってよいのだろうか？　日々の株価に一喜一憂するのが、本来あるべき企業経営なのだろうか？　すでに確立した経営理論に反論できないだけで、皆うすうす疑問に思ってるのではなかろうか。


［矛盾2］企業価値をほとんど説明できないのではないか？


古典的経営モデルが誕生した頃の産業の主役は製造業だった。当時は、高価な生産装置（固定資産）を持ち、工員の労賃や広告宣伝に使える豊富な資金力を持つ会社が、競争優位に立つことができた。貸借対照表に記述される財務資本は、企業価値とほぼ等しかったのだ。

しかし、37頁で示したように、現在の上場企業の時価総額のおよそ9割は知的資本である。企業価値に直結するのは、生産設備や資金力といった財務資本ではなく、技術開発力や従業員の能力、また顧客からの信頼やブランドといった、知的資本なのだ。

ところが古典的経営モデルは、この企業価値の大半を占める知的資本を直接的には説明できない。また、知的資本も〝お金〟で直接マネジメントできるものではない。たとえば、本来ならば〝人材〟という知的資本(「人的資本」)こそが企業価値の源泉となるはずだ。しかし、古典的経営モデルでは、人材は会計項目である〝人件費〟として認識され、下手をするとコスト削減対象となってしまう。このように、古典的経営モデルに基づく分析から正しい戦略を導き出すことにも限界がある。

［矛盾3］長期的な成長を阻害していないか?

株価に最も影響する数値は、直近の四半期決算だといってよい。四半期決算の利益が目標を下回ると、株価は一気に下がってしまう。なので、上場企業の経営者は、株価の維持を目的に、四半期決算の利益を最大化する施策を優先しがちだ。

手っ取り早く利益を確保する最善の方法とは、コストを削減することだ。一番削減しやすいコストとは、現在の収益に悪影響を与えない長期的な投資コスト、つまり研究開発、新規事業投資、また人材育成といったものである。しかし、こうした長期的な投資を絞ることで、会社の技術力は劣化し、イノベーションを起こせなくなり、人材も育たず、会社の長期的な成長は阻害される。

皮肉なことに、株主価値の最大化を追求する古典的経営モデルは、短期的な株主の利益を追求することで、長期的な企業価値を毀損し、会社の存続を危うくしてしまいがちなのだ。

［矛盾４］社会や自然環境の破壊

古典的経営モデルの目的は、株主価値の最大化だ。株主の利益に直結する施策が「善」であり、そうでない施策は「悪」なのだ。

たとえば、少しばかりの利益を上げる一方で、自然環境や景観を大きく破壊する施策があるとしよう。古典的経営モデルでは、躊躇なくこの施策を（法律の制限内で）実行すべきと判断する。古典的経営モデルでは、自社に利益を生み出さない限り、社員の幸せな生活、風情のある町並み、地域社会の文化や伝統、美しい自然、生物の多様性などといったことは、無価値だと考えがちなのだ。

そして社会もそれを許容していた。工業社会の時代、安くて良いものを大量生産することが利益を得る最短の道であり、それは消費者も求めることだった。また、自然には人間の活動を包容する余裕もあった。

しかし、現在では物質的な拡大が消費者の幸福には結びつかなくなっている。また、物質文明の際限のない拡大の裏で、貧富の差は拡大し、自然環境や文化の破壊は進んでいる。拡大する資本主義は、母なる自然が抱えられる限度を超えてしまったようだ。

このように現代の社会課題に対して、古典的経営モデルは有効な解決手段を提供できないどころか、さらに悪化させてしまう場合も多い。

この社会や自然環境の破壊こそが、現在の古典的経営モデルの最大の問題だろう。

古典的経営モデルの〝薄っぺらい〟世界観

古典的経営モデルの持つ世界観とは、会社や世界のすべてを〝お金という言語〟で説明するという、とても単純なものだ。

しかし、当たり前だが、会社はお金だけでできているわけではない。

会社という組織の中には、志の高い経営者、真面目に頑張る社員がいて、匠の技に支えられた技術といったものがある。また会社の周りには、商品を買ってくれる顧客や応援してくれる取引先がいる。しかし、古典的経営モデルの視野には、こうした風景は入ってこない。さらに地域社会や自然環境などは、古典的経営モデルからは全く見えない世界だといえる。

　また、古典的経営モデルの世界での主役は、会社および会社に出資する株主や貸し手である銀行だ。その一方で、株主がいないＮＰＯ（非営利組織）や大学などの教育機関、また行政や地方自治体などといった「非営利組織」は、古典的経営モデルの取り扱う対象とならず、この世界の中には存在しない。

　このように、古典的経営モデルの持つ世界観とは、社会の多様性や豊かな関係性という視点が欠如したまま、お金という表面しか見ることのできない、とても〝薄っぺらい〟ものだといえるだろう。

図表1-4　古典的経営モデルの世界観

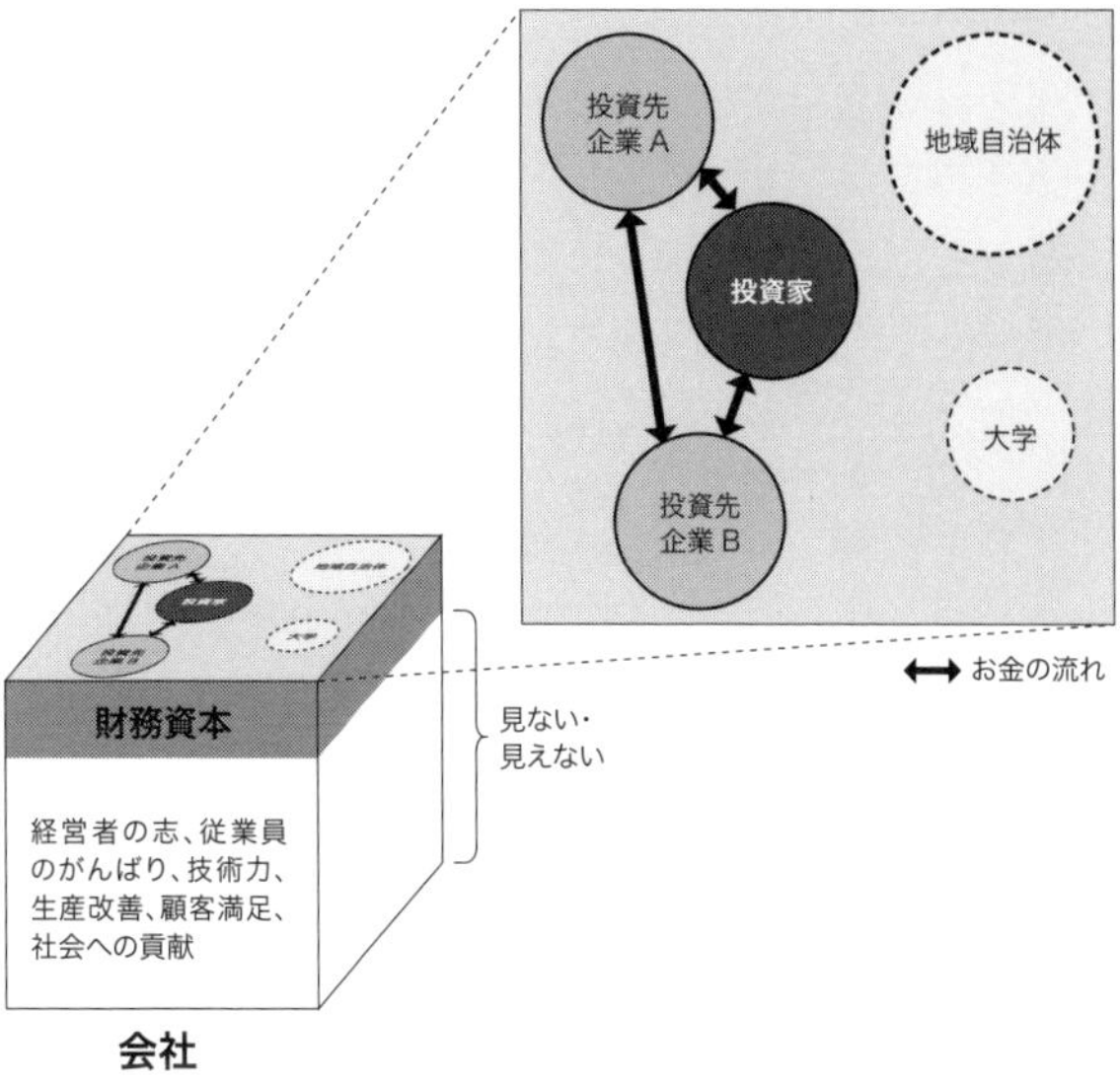

新しい経営モデルの要件

古典的経営モデルに対する見直しの機運

このように限界が明らかになってきた古典的経営モデルに対して、見直しの機運は高まっている。

代表的なものが、「コーポレート・シティズンシップ」という概念だろう。コーポレート・シティズンシップとは、会社も市民社会の一員、すなわち〝企業市民〟であるとして、企業の存立基盤である地域社会やコミュニティの健全な発展に貢献する概念だ。

この概念に基づき、会社の責任を問うのがＣＳＲ（Corporate Social Responsibility）である。欧州委員会は２０１１年に、ＣＳＲを〝企業の社会への影響に対する責任〟と定義し、具体的には〝株主、広くはそのほかステークホルダーと社会の間での共通価値の創造（Ｃ

SV）の最大化〟と〝企業の潜在的悪影響の特定、防止、軽減〟の２つを推進するとした。そのために〝社会・環境・倫理・人権・消費者の懸念〟を企業活動の中核戦略として統合するというものだ。

また、古典的経営モデルを完成させた主要人物の一人であるハーバード大学のマイケル・ポーター教授も、今では〝企業が経済価値のみを追求することが、自社の競争力を弱める時代となった〟と述べている。

このポーター教授が２０１１年に提唱したのが、ＣＳＶ（Creating Shared Value）という概念だ。ポーター教授は、ＣＳＶを〝社会問題を企業の事業戦略と一体のものとして扱い、企業の持つスキル・人脈・専門知識などを提供しつつ、事業活動として利益を得ながら、社会問題を解決、企業と社会の双方がその事業により共通の価値を生み出す〟と定義し、その実現を目指すべきと主張している。

また２０２０年には、英国の経済学者ジョナサン・ハスケル氏の著作『無形資産が世界を支配する：資本のない資本主義の正体』という本が出た。この本でいう無形資産は、本書でいう知的資本と同義だ。この本は、株主資本主義の勝者であるビル・ゲイツ氏が、「世界経済最大のトレンド『無形資産』を理解したければ、本書を読むべきだ」と推薦し、世界的なベストセラーとなった。

経営学者や経済学者も、古典的経営モデルの見直しを提唱する時代になっているのだ。

経営者もステークホルダー重視に

経営者の意識も変わりつつある。

最初のきっかけとなったのは、スポーツ用品メーカーのナイキに対する不買運動だろう。

1997年、ナイキの靴が東南アジアで極端に安い児童労働により生産され、また虐待も多数発生していたことが発覚した。ナイキの経営陣は当初、それを安い靴を作るためだと正当化したが、消費者は許さなかった。世界中でボイコット運動が起き、売上も株価も急落した。

そして翌年、ナイキは経営方針を転換した。下請工場の雇用条件を改善し、積極的な情報公開もはじめた。また、途上国で労働問題に取り組むNGOを創設し、約1000億円を出資した。その結果、ナイキは信用を回復し、CSRの評価も株価も急上昇した。

このナイキの事例により、社会に「善」を為すことで企業価値が高まる、という当たり前のことが、ようやく広く認識されはじめたのだ。

たとえば、米国大手企業のＣＥＯらが所属する団体ビジネス・ラウンドテーブルは、１９９７年以降、企業は第一に株主に仕えるために存在するという「株主至上主義」の原則を表明してきた。しかし、２０１９年には、彼らも株主至上主義を見直し、顧客や従業員、サプライヤー、地域社会、株主などすべてのステークホルダーを重視する方針を表明し、１８１社のＣＥＯが署名した。

このように、株主の代理人（エージェント）とされる経営者自身が株主至上主義の限界を感じているのだ。

投資家もステークホルダー重視に

伝統的な投資の世界では、投資判断の根拠はひとえに財務分析であった。

しかし現在の投資の世界では、企業の社会的責任を重視した「社会的責任投資（ＳＲＩ：Socially Responsible Investment）」や、環境（Environment）・社会（Social）・ガバナンス（Governance）といった知的資本のアウトカムを考慮した「ＥＳＧ投資」が重視されるようになってきている。

２００５年には、国際連合のアナン事務総長が「責任投資原則」（ＰＲＩ：Principles for

Responsible Investment）を呼びかけ、ＥＳＧ要素を投資プロセスに組み込むことを推奨した。その結果、２０２０年時点で、３０００以上の機関投資家や運用会社がＰＲＩに署名している。

また、年金基金など大きな資産を長期で運用する機関投資家を中心に、ＥＳＧを軸とした投資へのシフトが進み、２０２０年時点でＥＳＧ投資は（個人投資家を含めた）投資全体の１／３ほどを占めるまで増加した。

そして、ＳＲＩやＥＳＧを考慮した投資の方が、運用成績が良いという研究成果も多数でてきている。〝社会を重視し長期的な視点で経営する会社のほうが、財務的にも健全な成果を出す〟ということがあらためて裏付けられたのだといえる。

各国政府も動きはじめている

行き過ぎた資本主義の見直しについては、各国の政府も取り組みをはじめている。

たとえば米国では、２０２１年のバイデン政権の発足に伴い、環境問題や気候変動が重要なテーマとして取り上げられ、再生エネルギーへの移行や脱石炭政策が推進されている。

またドイツやスウェーデンなどのヨーロッパ諸国では、伝統的に資本主義の市場原理と社会的な公正や福祉のバランスが重視されており、再生エネルギーへの転換や環境配慮を重視した建築政策や交通政策が進められている。

日本政府も、２０２１年に岸田内閣が「新しい資本主義実現本部」を設置し、〝成長と分配の好循環〟と〝コロナ後の新しい社会の開拓〟をコンセプトとした、新しい資本主義の検討をスタートさせた。

このように各国政府も、従来の金銭的物質的な経済価値のみを追い求める政策から、環境問題などの社会との調和をより重視する政策を打ち出している。

経営モデルの「バージョンアップ」

このように、従来型の株主至上主義に対する見直しの機運が高まっている。こうした取り組みは素晴らしい。しかし、現代の企業経営が、株主価値の最大化を目的とした古典的経営モデルを前提として動いている限り、本質的な課題の解決には至らないのではないか？

いわば古いＯＳを走らせたままで、無理やり新しいアプリを載せようとしているように見える。経営モデルというＯＳも、そろそろバージョンアップする必要があるはずだ。環境問題などの現代の課題も、資本主義の仕組みを通じて解決する。そのような「新しい経営モデル」を考えたい。

新しい経営モデルへのバージョンアップには、新しい哲学や世界観が必要だ。新しい経営モデルが備えるべき要件を、次に挙げてみよう。

［要件1］「パーパス経営」であること

新しい経営モデルの目的は、株主価値の最大化に替わって、社会課題を解決する「パーパス」の追求にある。

パーパスとは、企業の「社会的存在意義」という意味だ。日本語だと「大義」や「志」、また「大目的」という言葉が近いだろう。「使命」(ミッション)も、パーパスに近い概念だ。

一橋大学の名和高司教授は、パーパス経営とは〝企業が、利益追求のみならず、社会的な価値を創出することを目的として経営活動を行うこと〟だと定義し、志(パーパス)を起点とする「志本主義経営」を進めるべきだと説いている。

そもそも会社とは、社会の課題をビジネスという手段を用いて解決し、その対価を得る組織だ、と考えることもできる。社会に貢献してこそ、会社は存在する価値があるのだ。

社会に貢献しない会社など、この世に存在する価値はない。

もちろん、会社の存続には利益が必要だ。しかし、利益は目的でなく手段だ。利益は出たがパーパスが達成できなかった、としたら本末転倒でしかない。くり返すが、利益は必要だ。しかし、目的のない利益追求や株主価値の拡大よりも、パーパスの実現を優先するのが新しい経営モデルのあるべき姿だろう。

［要件２］〝お金〟以上に知的資本、特に人的資本を重視すること

古典的経営システムは、「お金」という客観的かつ定量的に把握できる言語を使うことで、高度に進化してきたといえる。しかし財務資本では、41頁に示したように、企業価値をほとんど説明できない。そして、44頁で見たように、お金でしかモノゴトを見ない世界は薄っぺらいものだ。

新しい経営モデルは、お金以外の多様な視点で、会社を語れるようにする必要がある。そのとき、最も重視すべきなのは〝人〟だろう。

製品や製造設備がコモディティ化し、さらにＡＩが知的な作業を代替する中、会社の価値創造の源泉は、新しいアイデアや技術、パーパスに対する共感・共鳴にシフトしていく。

こうしたものはすべて〝人〟が生み出すものだ。こうした価値創造ができる〝人〟こそが、新しい経営システムで最も重要となるはずだ。

［要件3］多様な関係者（「マルチ・ステークホルダー」）を視野に入れること

古典的経営モデルの目的は、株主というステークホルダーに貢献することだ。しかしその視野の狭さが、現在さまざまな問題を引き起こしているといえる。

新しい経営モデルは、株主以外にも、顧客や取引先への価値提供、社員の幸福、さらに地域社会や地球環境への貢献といった、多様な関係者（「マルチ・ステークホルダー」）の視点を内包できるモデルであるべきだ。

もちろん、新しい経営モデルで運営される会社にも、出資をしてくれる株主は必要だ。彼らの期待にも応える必要がある。

しかし、新しい経営モデルを採用した会社が求める株主とは、自己の利益の最大化のみに関心がある人ではない。会社の掲げるパーパスに共感する人たちだ。

［要件4］株式会社以外でも活用できること

現在の世界では、非営利組織の活動領域が拡大している。さらに今後は、多様なステークホルダーが意思決定に関わるＤＡＯ（自律分散型組織）などの株式会社以外の組織形態も登場する。

ところが、株主価値の最大化、つまりは利益の最大化を目的とする古典的経営モデルは、営利組織である株式会社しか対象にしていない。

新しい経営モデルは、ＮＰＯや教育機関や自治体といった非営利組織や株式会社以外の組織でも使えるモデルであるべきだ。

「知的資本経営」という新しい経営モデル

ＩＩＲＣが提示した、新しい経営モデル

新しい経営モデルは、すでにいろいろな学者や組織が模索している。

現時点ではその中でも、国際統合報告評議会（ＩＩＲＣ）が提案したモデルが、最も包括的であり完成度が高く、かつ広く世界に認められているといってよいだろう。

このＩＩＲＣという団体は、世界中の上場企業が準拠すべき「統合報告書」の経営モデルを提言している団体だ。図表１‐５を見たことがある方もいるかもしれない。

この経営モデルの中心は、左端には事業活動に「インプット」する資本、右端に経営の結果生み出される「アウトカム」としての資本がある。このインプットとアウトカムは、財務資本以外に次の３つの「知的資本」、そして企業が活用する自然環境である「自然資本」も含んでいる。

図表1-5　IIRCの提示した「新しい経営モデル」

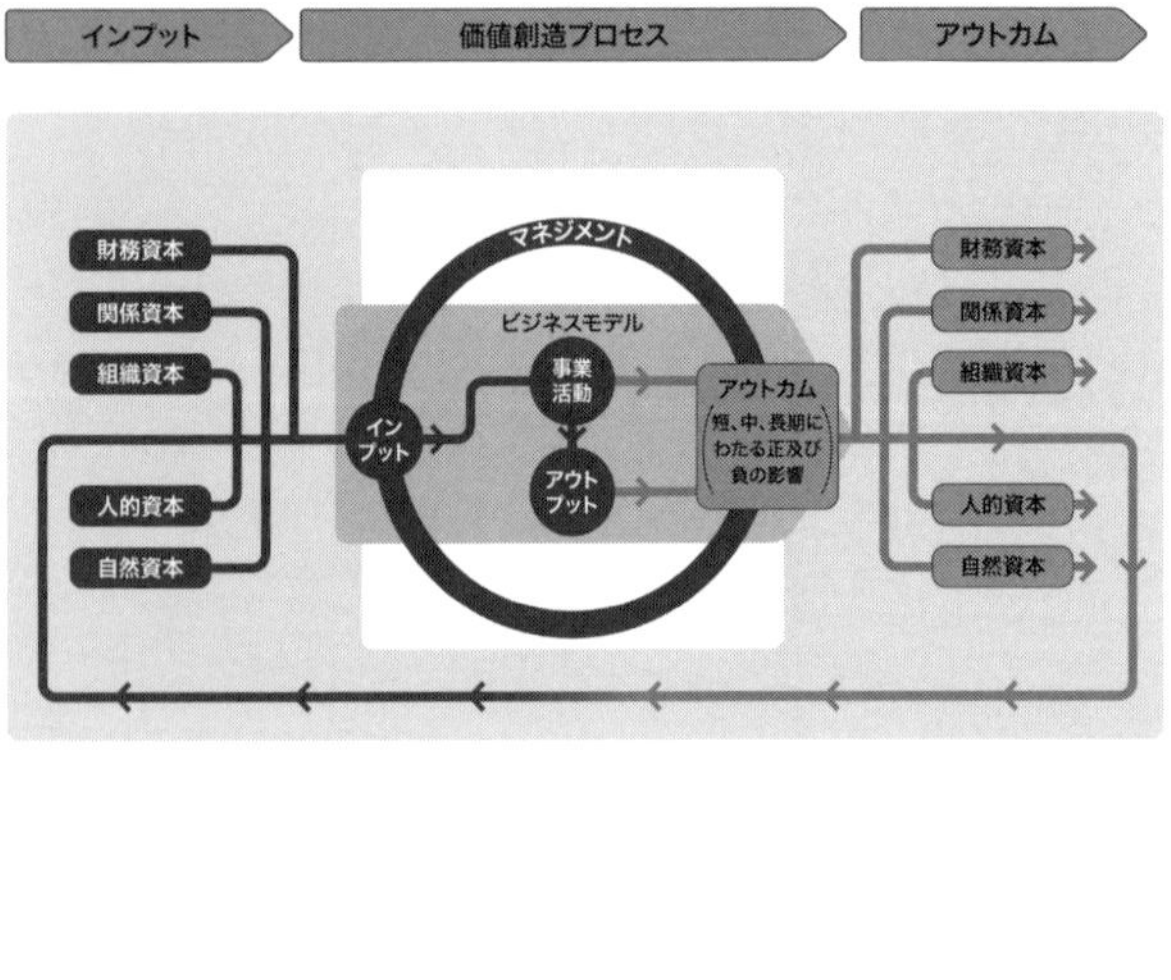

【3つの知的資本】

・社外関係者の力である「関係資本」
・組織の持つ力である「組織資本」
・社内の人の力である「人的資本」

そして、この経営モデルの真ん中にある円環こそが、「知的資本経営」だ。

知的資本経営とは、

❶インプットである知的資本を可視化し、価値創造の源泉となるコアコンピタンスを特定する。

❷パーパスを設定し、ビジョンを実現する価値創造プロセスを設計する。

❸価値創造プロセスを実践し、アウトプッ

図表1-6　知的資本経営の4つのステップ

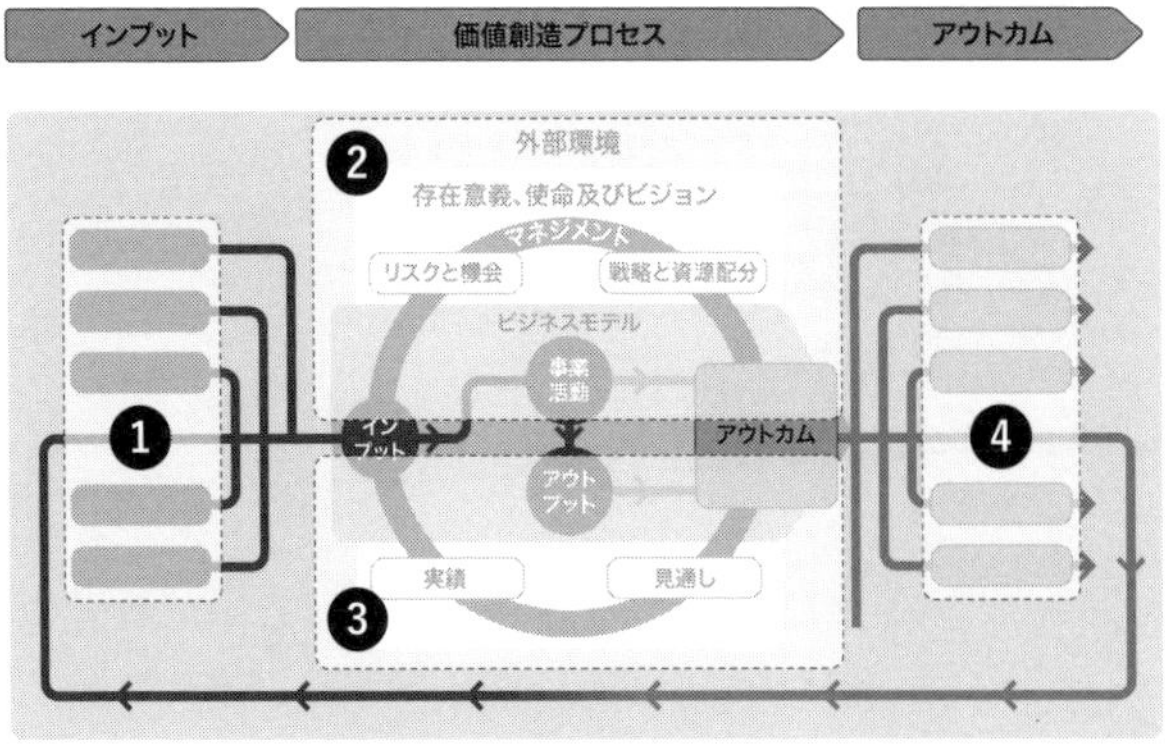

トとアウトカムを生み出す。

❹価値創造の実践の進捗・結果を多様な関係者とコミュニケーションする。

といった4つのステップからなる、一連の経営モデルだ。

つまり、知的資本経営モデルでは、会社とは、財務資本・知的資本・自然資本をインプットとし、事業活動を通じて、アウトプット（製品・サービス）とともに、新たなアウトカム（財務資本・知的資本・自然資本）を創り出す存在だと捉えているのだ。

本書では以後、このモデル中の知的資本について第2章で、知的資本経営について第3章で、知的資本経営の4つのステップについて第4章で説明する。

ちなみに、このＩＩＲＣという団体は、知的資本経営の発展と密接な関係がある。ＩＩＲＣの経営モデルも統合報告書も、知的資本経営の研究から生まれたものだ。そして、この経営モデルが成立する過程で日本も大きく貢献した。この経緯については第5章で説明する。

会社を一本の木（果樹）として捉える

古典的経営モデルの世界観の中では、会社はお金を増やす無機質な機械という存在だった。それに対し、知的資本経営では、会社や組織を有機的な生命体として捉える。

ＩＣＭＧは、会社を「果樹」のイメージで説明している。

「果実」とは会社の生み出す価値

知的資本経営で「果実」に相当するものは、会社の生み出すアウトプット（製品・サービス）とアウトカム（財務資本・知的資本・自然資本）だと喩えることができそうだ。アウトプットとして収穫された果実は、顧客に直接役立つ価値あるものだ。

しかし、収穫される果実ばかりではない。地面に落ちた果実は、土壌の新たな養分となる。また、鳥に啄まれた果実は種を運び新たな樹木の芽を吹く。

このように、果実は次の知的資本のインプットとして活用され、また新たな事業を創り出す。そして、社会にも還元される、アウトカムでもあるのだ。

会社の「根」とは知的資本

果樹を育てる（経営する）プロは、果樹の根を見るという。

大きくしっかりした根を張った果樹は、害虫や台風にも耐え、豊かな果実を実らせる。そんな果樹こそが、真に価値のある果樹だといえる。

この「根」に相当するものが、知的資本だ。知的資本という根は、外からはなかなか見えにくい。しかし豊かな果実を育てるためには、人的資本・組織資本・関係資本といった知的資本がしっかり根を張っていなければいけない。また土壌に相当するものが、自社の外部にある社会関係資本や自然資本だろう。果樹が土壌から水や養分を得るように、会社も社

図表1-7　会社を一本の樹木にたとえると

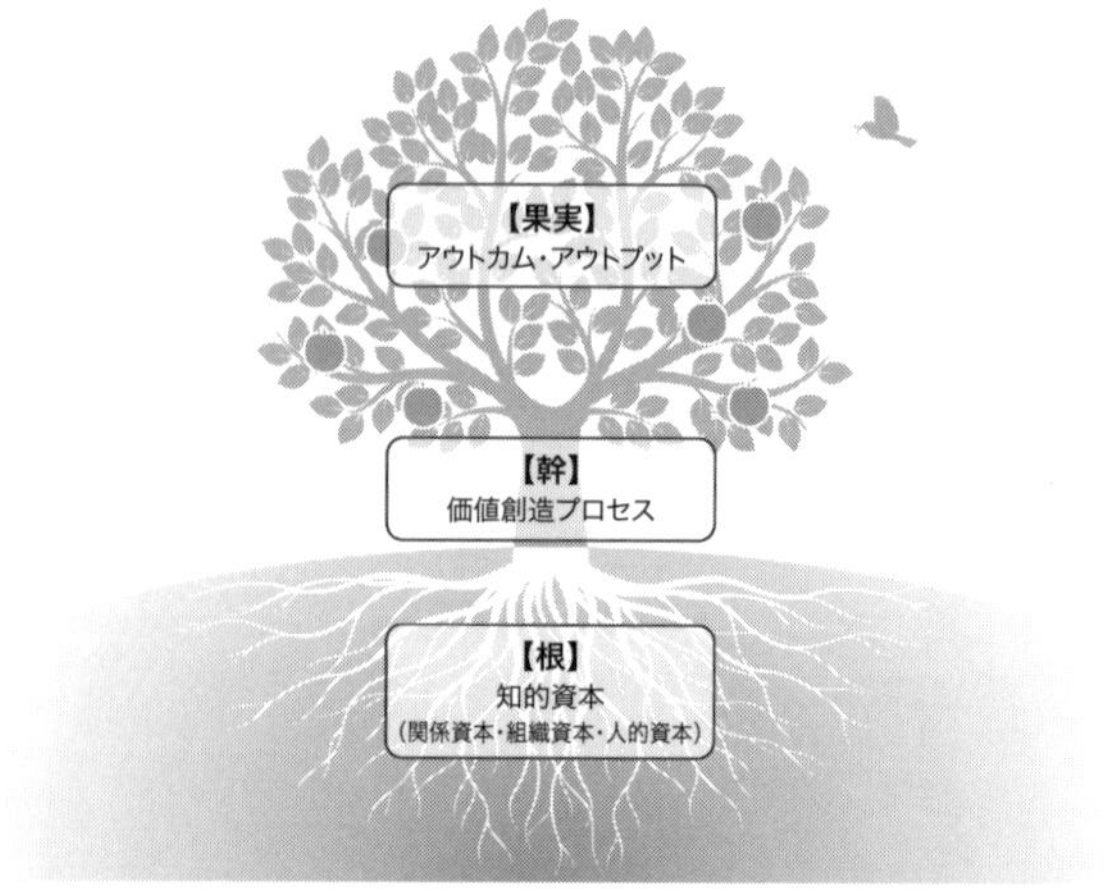

会から恩恵を受けて活動している。

会社の「幹」とは知的資本経営

根（知的資本）から養分を吸い上げ、樹木は枝を広げ、豊かな果実を実らせる。

樹木の種類、根の状態、生らせたい果実によって、幹の構造は異なる。たとえ、同じ種類の樹木であっても、立っている環境や樹齢によって一本一本の幹の形は異なるはずだ。

「幹」は、自社の「根」から吸い上げた養分を活かし「果実」という価値を実らせる、まさに価値創造プロセスである。知的資本経営では、豊かな土壌としっかりした根があってこそ、樹木も健やかに成長し、豊かな実りが得られると考える。

果樹が集まり「森」という生態系を作る

こうした果樹は一本で存在するわけではない。同じ土の上で、根を交錯させながら、お互いに競争と協力をしつつ、成長していく。

同じく、会社は単独で存在しているわけではない。他の会社と協力したり、また競い合ったりする。

会社は、大きな森の中の一本の木のようなものだ。他の会社や組織や社会と、知的資本を交流しながら「生態系」を作る一員でもあるのだ。

また、森には果樹ばかりではなく、財務的成果や商品、サービスといった果実を実らせない樹木もある。ＮＰＯや教育機関、自治体といった非営利組織に相当する。こうした樹木も生態系を作る一員なのだ。

知的資本経営は、果実という成果だけを見るものでない。また、根に相当する知的資本だけを見るものでもない。会社とは、果実を実らせるとともに、それを支える土壌を豊かにし、多様性のある森を繁栄させる〝生態系の一員〟として捉えるのだ。

図表1-8　知的資本経営の世界観

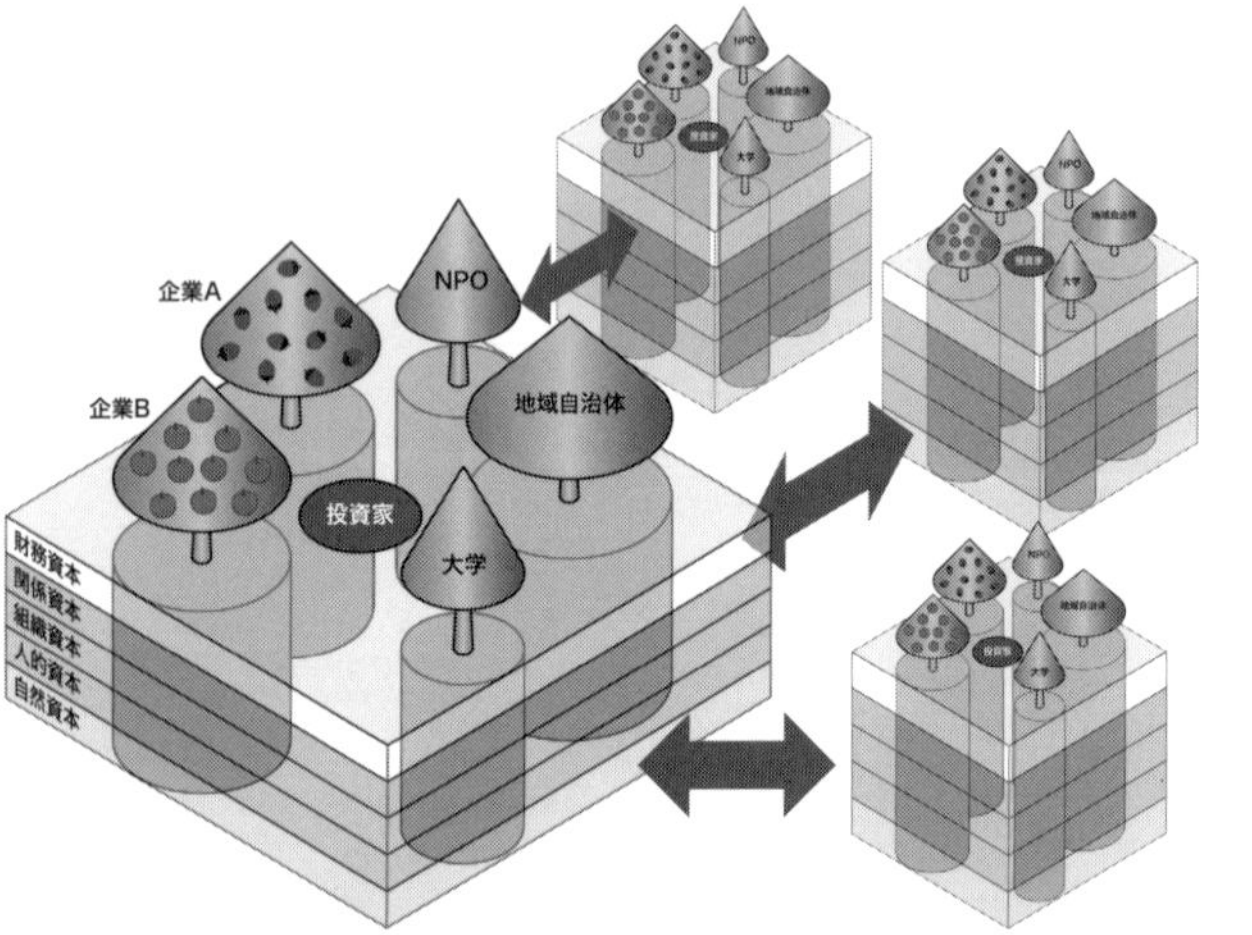

知的資本経営の世界観

44頁に示したように、古典的経営モデルでは、会社や社会を〝お金という表層〟でしか見ない。それに対し知的資本経営では、会社を多層的な知的資本の視点から見る。

図表１－８に示すのが、新しい経営システムである知的資本経営のイメージだ。会社は他の会社・組織、またＮＰＯや教育機関や自治体、生活者という他の組織・人と、お金とともに知的資本を交換しながら活動し、存続する。そして、こうした「共創」を通じて森のような豊かな生態系を作っているのだ。そして、この森のような生態系を創る一本一本の果樹と樹木の集合体（コミュニティ）を束ねるものが「パーパス」だといってよい。森によっては、気候変動対策で集まった森もあり、ウェルビーイングで集まった森もあるだろう。

現実の社会とは、営利企業以外にも、多様な個性を持った組織（地域社会を含む）が、多様なパーパスを持った集まった豊かな生態系を紡ぎ上げているのだ。そして組織の間は、〝お金〟以外にも、お互いの関係性（関係資本）や持てる能力（組織資本）や属する個人（人的資本）でコミュニケーションしているのだ。

知的資本経営とは、こうした豊かな生態系を記述するためのモデルでもある。

このように知的資本経営とは、より豊穣な社会の生態系を創り出し支えることができる、新しい経営システムなのだ。

知的資本の強化を通じて、財務的な実績を残す

ところで、知的資本経営については、〝知的資本の強化に注目する知的資本経営は、財務的成果とは関係ない〟という〝大きな誤解〟をする方もいる。

そうではない。財務資本は、知的資本経営の「成果」(アウトカム)なのだ。

売上や利益といった財務的成果は、事業活動の結果であり、直接操作することはできない。価値創造ストーリーの実践を通じて、はじめて財務的成果として得られるのだ。そして、その価値創造ストーリーを設計し実践することが知的資本経営であり、うまく機能する価値創造プロセスを設計ためには、知的資本を正しく把握し活用することが必要なのだ。

ぜひ、知的資本経営を実践し、社会的共通化価値の創造とともに、豊かな財務的成果を残してほしい。

第2章

知的資本

この章では、会社の価値の大半を占める「知的資本」の内訳を見ていこう。

まず知的資本の構成を説明し、続いてさまざまな会社についてのケーススタディを紹介する。また知的資本の詳細については、章の後半の【解説】にて説明する。

知的資本の構成

「知的資本」とは、財務諸表に記載されない会社の資本

会社は、自らの資本を活用（インプット）して、事業活動を行い、商品やサービスを提供（アウトプット）し、成果としての新しい資本（アウトプット）を生み出す。

これら資本の中には、財務諸表に記載される、預金や借入金、また在庫や生産設備といった「財務資本」がある（註：会計上これらは資産に区分されるが、ここでは「財務資本」という用語を使う）。

しかし、会社の資本とはこれだけではない。顧客からの信頼やブランド、技術力や営業力、また従業員や関係者の協力といった、財務表にこそ載らないが、会社独自の価値を生み出すものも、広義の資本として考えることができる。こうした財務諸表に載らない非財務資本を総称して「知的資本」という。

そして36頁で説明した通り、現在では企業価値のほとんどは、知的資本が占めている。

知的資本の内訳

この知的資本は以下のように、関係資本・組織資本・人的資本で構成される。

この区分は、ＩＩＲＣの推奨する統合報告書の区分に準拠している。詳細については、章末の【解説】にて確認いただきたい。

図表2-1　知的資本の内訳

財務資本 （財務諸表に記載される有形資産）		流動資産：預金や売掛金など 固定資産：生産設備、土地など
知的資本 （非財務資本）	**関係資本**	顧客資本：顧客との関係が生み出す価値 ブランド力：顧客に対する認知が生み出す価値 ネットワーク力：顧客以外の関係者が生み出す価値
	組織資本	知的財産：特許など会社の技術力やノウハウ 業務プロセス：製造や営業などの業務遂行力 マネジメント：意思決定の仕組みや情報システムの活用力
	人的資本	経営者：意思決定する経営者の資質や志 従業員：組織の構成メンバーの資質やモチベーション 組織文化：チームワークなど組織の動き方

【註】ただし知的資本経営では、企業経営の実務に使う際の利便性の面から、以下の部分についてＩＩＲＣとは若干異なる定義をしている。
・「財務資本」は、ＩＩＲＣの定義する「財務資本」と「製造資本」の両方を含む。
・「組織資本」は、ＩＩＲＣの定義する「知的資本」に相当する。用語が重複するので、知的資本経営では、組織資本という用語を使う。
・関係資本はＩＩＲＣの「社会・関係資本」に相当する。
・「自然資本」は、会社組織の内部には存在しないので、知的資本の中には入らないが、インプットとアウトカムの部分において企業活動と関係する。

知的資本の例

知的資本の例を、いくつかの会社の例で示してみよう。また、その中で事業を成功させる「鍵となる知的資本」（コアコンピタンス）についても探ってみよう。

自動車会社の知的資本の例

まずは、巨大産業である自動車産業を代表する2社、トヨタとテスラについて考えてみよう。

トヨタは、売上高37兆円を誇る、世界最大の自動車会社だ。それに対して、テスラの売上高はトヨタの3割ほどだが、時価総額はトヨタの3倍に近い。

トヨタのPBR（時価総額÷純資産）はほぼ1に近い一方、テスラのPBRは20に近い。つまりテスラの企業価値のほとんどは知的資本であり、テスラはその知的資本が評価されて

図表2-2　トヨタとテスラの知的資本

		トヨタ	テスラ
パーパス		人々を安全・安心に運び、心までも動かす。そして、世界中の生活を、社会を、豊かにしていく。	化石燃料に依存する文明の在り方に終止符を打つ
アウトプット（製品・サービス）		自動車（内燃機関中心）	電気自動車、エネルギー関連機器（太陽光パネル、蓄電池など）
時価総額／PBR		47兆円／1.29（内、知的資本の比率は約１割）	8420億ドル／18.4（内、知的資本が95%を占める）
財務資本		売上高：37兆円 経常利益：2.4兆円 総資産：74兆円	売上高：814億ドル 純利益：125億ドル 総資産：823億ドル
関係資本	顧客資本	世界中の幅広い顧客からの信頼	環境に関心の高い、高学歴・高所得者層からの熱烈な支持
	ブランド	トヨタの品質や価格に対する安心感	テスラという先進的・革命的なブランドに対する価値
	ネットワーク力	系列の部品企業から、世界中の販売店まで、幅広い関係者	バッテリーや半導体メーカーとの密接な関係
組織資本	知的財産	◎トヨタ生産方式というモノづくり、ハイブリッド車の技術	自動運転などのソフトウェアや、革新的なモノづくり
	業務プロセス	○カイゼンの繰り返しによる高効率なオペレーション	ほぼ無人の工場とディーラーを介さない直販
	マネジメント力	現場の力の最大限の発揮	ITの徹底的な活用
人的資本	経営者	全方位的な施策	◎イーロン・マスク氏の強烈な使命感とリーダーシップ
	従業員	○トヨタ生産方式を習得した現場社員	優秀で意欲の高い人材
	組織文化	現場力の重視	徹底した合理性と革新の追求

※内容は推定を含む
　売上・利益は2022年度、株価は2023年9月20日の値
　○は強い知的資本、◎はコアコンピタンス

いる。

知的資本の内訳を見てみると、トヨタの強みの源泉、つまり核となる知的資本はトヨタ生産方式とそれを実践する現場の力だといえそうである。この核となる知的資本の強みを最大限に活かして、70年前には小さなスタートアップだったトヨタは、世界最大の自動車会社にまで成長したのだ。

ただし、トヨタ生産方式はすでに世界中に広まり、多くの自動車会社がトヨタと遜色ない低価格で高品質な自動車を製造できるようになった現在、その知的資本の価値は以前ほどないかもしれない。

一方のテスラの核となる知的資本は経営者、つまり〝化石燃料に依存する文明のあり方に終止符を打つ〟というパーパスを掲げ、その実現に向けて邁進するイーロン・マスク氏にあるだろう。

このパーパスと経営者に対する賛同が、全米で最も人気のある企業として優秀な人材を集め、難易度の高い技術を実現してるのだろう。またこのパーパスが株主にも支持され、結果として株主価値を高める結果につながっている。

ソニーとファーストリテイリングの例

次に、日本を代表する会社であるソニーと、世界中にユニクロを展開するファーストリテイリングについて考えてみよう（ソニーはいくつかの事業の内、ゲーム＆ネットワークサービスとエンタテインメント・テクノロジー＆サービスをイメージした）。

ソニーについては、技術力（知的財産）こそが核となる知的資本だと思うかもしれない。しかし、現在のエレクトロニクスやコンテンツ業界では、技術力だけで競合と差別化を続けることは、現実的には難しい。それでも、同じ性能の製品があるとしたら、ソニー製品を選ぶ人は多いだろう。

このような場合、ソニーの核となる知的資本とは、先人たちの築いてきたブランドだということができる。ソニーというブランドがあるからこそ、優秀な人材が集まり続け、顧客にも選ばれ続けるのだろう。ソニーにとって、自社のブランドの価値を維持し高め続けることが、最優先の経営課題となるはずだ。

ファーストリテイリングの強みは、ＳＰＡという生産体制（業務プロセス）やヒートテックなどを生み出す知的財産にあること、そしてその源泉となるのが柳井社長の強烈なリーダーシップ（経営者）ということがわかるだろう。

図表2-3　ソニーとファーストリテイリングの知的資本

		ソニー	ファーストリテイリング
パーパス		クリエイティビティとテクノロジーの力で、世界を感動で満たす	服の領域で社会を支えるインフラになる
アウトプット（製品・サービス）		プレイステーションなどゲーム機器、音響映像機器、など	衣料品（ユニクロ、ＧＵなど）
時価総額／ PBR		16 兆円／ 2.26（内、知的資本は約７割）	11 兆円／ 6.29（内し的資本は約９割）
財務資本		売上高：11.5 兆円 経常利益：1.2 兆円 総資産：5.2 兆円	売上高：2.3 兆円 経常利益：0.27 兆円 総資産：1.3 兆円
関係資本	顧客資本	世界に広がる顧客とファン	世界中に広がる顧客とファン
	ブランド	◎ SONY というブランド	UNIQLO というブランド
	ネットワーク力	ゲーム・クリエイター等との関係、半導体企業との関係	原料調達先や研究開発機関との関係
組織資本	知的財産	◯最先端の製品の開発技術	◯ヒートテックなどの高付加価値製品の研究開発
	業務プロセス	デザインを重視した製品開発	◯ SPA（製造小売）システムによる在庫の最小化と納期短縮
	マネジメント力	SAP などの新たな施策	IT を駆使した販売と製造の最適化
人的資本	経営者		◎柳井社長の強烈なリーダーシップ
	従業員	真面目で技術好きな社員	
	組織文化		

※内容は推定を含む
売上･利益は2022年度、株価は2023年9月20日の値
◯は強い知的資本、◎はコアコンピタンス

中小企業などの知的資本の例

このように、知的資本は、業種に関わらず、同じフレームワークで評価できる。製造業でも流通業でも、金融業でも情報通信企業でも、エネルギー産業でも輸送業でも、同じフレームワークでコアコンピタンスを特定することができるのだ。

そしてもちろん、大企業ばかりでなく、中小企業も立派な知的資本を持っている。いや、知的資本がなければ、どんな会社でも経営が成り立たないのだ。

たとえば、小さな町工場でも、他社では真似できない技術（知的財産）を持っているならば、その利益率は高いはずだ。そして、その技術が特定の職人の技でしか再現できないものだとしたら、コアコンピタンスはその職人（従業員）にあるといえる。

また、町の人に永年愛され続けた小さな町中華ならば、最も重要な知的資本は、店を長年愛してきた常連客たち（顧客資本）だといえる。売上（財務資本）は大したことはないだろう。味（レシピという知的財産）も流行りの店には負けるかもしれないし、調理効率や提供時間（業務プロセス）ではチェーン店には敵わない。しかし、安定した顧客資本というコアコンピタンスがある限り、その小さな店は安定した経営を続けることができそうだ。

また、ベンチャー企業については、財務資本をいくら分析しても、知的資本を見なければ、その会社の価値は全くわからない。なにしろ、まだ売上がないかもしれないのだ。

しかし、将来有望な技術(知的財産)を開発していて、意欲と経営センスのある創業者(経営者)が率いてるならば、将来は有望だろう。そして投資家は、こうした知的資本を見るからこそ、スタートアップに投資をするのだ。

現在、巨人となっているＧＡＦＡＭ企業も、創業当初にその知的資本を評価されたからこそ、投資家は投資を続けたのだ。

このように、業種や規模が異なるにも関わらず、知的資本という共通の切り口を使うと、会社をよく見ることができるし、また彼らの強みを把握することができる。

また、知的資本というフレームワークを使うと、売上や利益のないＮＰＯなどの非営利組織、大学などの教育機関、また行政や政府機関、お寺などの宗教団体についても、同様に知的資本を記述することができる。このように知的資本という共通の枠組みで、さまざまな組織の核となる知的資本や存在意義であるパーパスを記述できることが理解いただけたはずだ。

知的資本経営におけるインプットとアウトカム

図表１－５に示した通り、会社とは、社内と社外の資本（財務資本・知的資本・自然資本）をインプットし、製品やサービスというアウトプットを作り出し、その結果として社内と社外に新たな資本をアウトカムする組織だ。

このアウトカムは必ずしもプラスとなる場合だけではない。環境破壊をする会社や児童労働を強制する会社は、自然資本や社会的共通資本に対してマイナスのアウトカムを与えているわけだ。

自社以外の、顧客や取引先といった他の会社や組織、また地域社会や自然環境といった外部の関係者（ステークホルダー）に対する主なインプットとアウトカムは、たとえば図表２－４のようなものがあてはまる。

知的資本のアウトカムの例

ここから、先にあげた4つの会社の例で、それぞれの会社がその自社以外の関係者の知的資本、また社会にどのような価値を創出(もしくは毀損)しているのかを図表2－5に見ていこう。

このように、アウトカムを記述することにより、自社の事業活動が外部にどのような影響を与えているかを理解することができる。知的資本経営とは、外部のステークホルダーや自然環境に対する影響を、最初から視野に入れた経営システムなのだ。

図表2-4　インプットとアウトカムの例

	外部関係者からのインプット	外部関係者へのアウトカム
財務資本	(株主) 株主からの出資 (他社) 銀行からの借り入れ	(株主) 配当金の還元 (他者) 銀行への返済 (地域) 納税
関係資本	(他社) 営業協力 (他社) 技術の利用 (地域) 地域からの信頼	(顧客) 満足の提供 (他社) パートナー企業の満足 (地域) 地域発展への貢献
組織資本	(他社) 業務のアウトソーシング (行政) 行政サービスの活用	(他社) 新システムの導入支援
人的資本	(地域) 地域人材の活用	(地域) 雇用の創出、高度人材の育成
自然資本	(自然) 豊富な水の活用	(自然) 自然保全、または破壊

図表2-5　各社のステークホルダーに対するアウトカム

会社	トヨタ	テスラ	ソニー	ファースト リテイリング
財務資本	【全社共通】 （地域）拠点自治体への納税 （株主）株価上昇、また配当金還元			
関係資本	（顧客） クルマによる利便性向上 （社会） 工場付近の道路や港湾整備	（顧客） テスラ車所有の優越感 （社会） 充電網の充実	（顧客） 顧客に対する満足提供 （社会） 工場地域の過疎化対策	（顧客） 顧客に対する満足提供 （地域） 地域活性化事業の推進
組織資本	（他社） 系列会社に対する技術支援 （社会） トヨタ生産方式の普及	（他社） 電池の大量調達による新たな工場建設	（他社） 協力企業に対する技術支援 （社会） 社会に対する新たな技術の活用	（他社） 協力企業へのシステム提供
人的資本	（地域） 拠点での社員の雇用 （社会） トヨタ卒業生の他社での活躍	（社員） 最先端の知識の取得とチャレンジ経験	（地域） 拠点での社員の雇用 （社会） ソニー卒業生の他社での活躍	（地域） 拠点での社員の雇用
自然資本	負：走行時のCO_2の発生、廃車など廃棄物の発生 正：	正：走行時のCO_2発生なし、電池リサイクル	負：電気製品など廃棄物の発生 正：家電品リサイクル、地球温暖化	負：衣料品の多量廃棄 正：リサイクルの推進や植林活動

【註記】ちなみにＩＣＭＧでは、実務面での利便性を考慮して、ＩＩＲＣの定義ではアウトカムの要素の一つである「自社の知的資本に対する影響」を、アウトプットに区分して説明することが多い。この工夫により、アウトプットは自社の製品・サービスおよび自社の知的資本への影響、アウトカムは外部への影響、と自社と外部を区別して、よりわかりやすく説明することができる。

［解　説］

知的資本の内訳

ここでは、知的資本の詳細内容を解説する。

知的資本の内容は、ＩＩＲＣとＯＥＣＤの定義をベースにして、実用的に整理したものだ。ちなみに、この解説パートは、最初は読み飛ばしていただいて構わない。

関係資本の内訳

IIRCの定義する社会・関係資本

知的資本経営における「関係資本」は、IIRCの定義する社会・関係資本に相当する。社会関係資本とは、個々のコミュニティ、社外の関係者・グループ、その他のネットワーク間、又はそれら内部の機関や関係、及び個別的・集合的幸福を高めるために情報を共有する能力であり、次の内容を含む。

- 共有された規範、共通の価値や行動
- 主要な社外の関係者との関係性、及び組織が外部の社外の関係者とともに構築し、保持に努める信頼及び対話の意思
- 組織が構築したブランド及び評判に関連する無形資産

・組織が事業を営むことについての社会的許諾（ソーシャル・ライセンス）

関係資本とは社外との関係が生む力

もう少し実務的に解説してみよう。

関係資本は、会社が社外の関係者と関わることで持続的成長を支える価値と定義される。関係資本は、最も重要な社外の関係者である顧客との関係と、それが生み出す価値である「顧客資本」、社外の関係者から認知されるブランドと、それが生み出す「ブランド力」、また取引先など顧客以外の社外の関係者との関係と、それが生み出す価値である「ネットワーク力」から構成される。

(1) 顧客資本

顧客資本とは、顧客との関係と、その関係が生み出す価値であり、会社の業績に直結する最も重要な知的資本だ。顧客資本の要素には、たとえば顧客基盤の大きさや、顧客との関係性、顧客の満足度などが含まれる。一般に顧客とは、自社の製品やサービスを買ってくれる人を指すが、知的資本経営では、もっと広い概念で顧客を捉える。

たとえば、顧客は単に値段や契約条件だけで、今の取引を打ち切って新たな会社に切り替えるわけではない。顧客は、長期にわたって築いた会社との信頼関係などを勘案しつつ、取引先を決める。知的資本の文脈では、商品の競争力や満足度と並んで、顧客がその会社と継続的に取引をする理由に着目する。顧客と会社の間には、忠誠心（ロイヤルティ）や信頼関係といった〝目に見えない価値〟でつながっている。つまり、顧客が感じている特定の会社や商品に対する精神的な結びつきこそが価値であり、その理由を正しく見つけ強化していく策を打ち続けることが顧客資本を強めることにつながる。

(2) ブランド力

一般的に「ブランド」とは、商品・サービスのイメージ、またロゴなどの商標の意味で使われる。それに対し、知的資本経営で捉える「ブランド力」はより広い意味を含む。ブランド力を、顧客が特定の会社に対して持っている認知、つまり製品や機能や契約などの即物的な価値を超え、個人の体験に基づく精神的な結びつきまで含めた、期待や価値の認知、と捉える。

ブランド力は、会計上に記述される商品・サービスの簿価の何倍もの価値を生み出す可能性がある。ブランドは精神的な価値を含むので、ブランド価値を作り上げるには商品広告や販売時だけでなく、顧客接点の中で認知の質を高めていく活動が必要となる。

たとえば、顧客と接する一人ひとりの姿勢が個人の認識を作る。会社の経営理念や行動も、社会に対する価値認識を作る。これら個人や会社の行動が、会社のブランド力につながっている。このようにブランド力を創り上げるのは多大な時間や投資が必要だが、その一方で、昨今の企業不祥事問題に見られるように永年築き上げた老舗ブランドも一瞬にして消失してしまう可能性もある。ブランド力の評価には、会社のブランドがどのような歴史を経て形作られてきたか、リスクを含めて正しく見極める必要がある。

(3) ネットワーク力

ネットワーク力とは、顧客以外の社外の関係者との関係、そしてそれが生み出す価値を示す知的資本だ。たとえば、

- 仕入先との協力関係や交渉力の強さ
- 販売チャネルの販売力の強さ

- 外部の研究機関との協力関係の強さ
- 外部アドバイザーやコンサルタントからの協力関係
- 金融機関との協力的な関係
- 株主や投資家との建設的な関係

などが該当する。会社は、事業やサービスを自社内で完結して活動できるわけではない。事業の核となる領域以外は、協力会社や製造委託先、またアウトソーシング会社など、外部との提携や協業により事業を進める事例も多いはずだ。このため外部取引先とは、コスト条件で左右される短期的な関係ではなく、長期的な信頼と安心を軸にしたパートナーとしての関係を築くことが、会社の持続成長を実現させるうえで重要となっている。

たとえば、仕入先から供給される物品が顧客への価値提供力を左右する場合、会社と仕入先との関係は単に契約や納品といった法的または財務的な関係にとどまらず、両者が最終顧客への価値向上に向けて継続して創造的な改善活動を行なっていける関係が必要になる。こういった取引先との建設的な関係は、会社の長期的な発展を支える重要な知的資本となる。

組織資本の内訳

ＩＩＲＣの定義する「狭義の」知的資本

組織資本は、ＩＩＲＣが定義する（狭義の）知的資本を出発点に、組織が価値を生み出す力として捉えたものだ。ＩＩＲＣは、次のように知的資本を定義している。

- 組織的な、知識ベースの無形資産
- 特許、著作権、ソフトウェア、権利及びライセンスなどの知的財産権
- 暗黙知、システム、手順及びプロトコルなどの「組織資本」

ただし、組織資本を主に知的財産だと捉えてしまうと企業経営を考えるには不足するので、知的資本経営では組織資本をもう少し広い文脈で捉える。

組織資本とは、組織が価値を生み出す力

組織資本は、会社が保有する知である「知的財産」、会社の価値創造を支える「業務プロセス」、そして会社経営を支える仕組みである「経営管理（マネジメント）」の3つの項目から成り立つ。会社はこの組織資本を活かして活動する。

もっとも、どんなに素晴らしい技術や業務プロセスを持っていても、会社のパーパスと整合性がなかったり、ビジョンやその実現手段である戦略につながっていなければ、その有効性は薄れる。組織資本を評価するには、会社のパーパス・ビジョン・事業戦略にどれだけ貢献できるかという視点が必要だ。これについては次の章で説明する。

(1) 知的財産

知的財産とは、会社の長期的な存続を支え、他の会社との違いを作り出す源泉となる知識だ。「狭い意味」での知的資本でもある。会社の「技術力」と言い換えてもよい。

知識は、技術力や知的財産は、特許や実用新案などで法的に保護された、またはマニュアルなど文書化された「形式知」ばかりではない。組織に蓄積し伝承されたノウハウなど

の「暗黙知」も重要な知的財産だ。また、知的財産は必ずしも技術的な知識に限らず、販売ノウハウや顧客対応の知恵などの非技術的な知識も、立派な知的財産だ。

この知的財産は、会社のパーパス・ビジョン・事業戦略との整合性があるほど、そして他社が容易に真似できないほど、会社にとって価値がある。

(2) 業務プロセスの力

業務プロセスの力とは、会社が業務を通じて外部の関係者に価値を提供する力だ。「仕事力」と言い換えてもよい。会社が顧客に価値を提供する業務プロセスは、複数の業務機能が密接に絡み合ってできている。業務プロセスの力は、次のような業務機能の連鎖「バリューチェーン」の要素毎に把握する。

- 事業企画力：戦略策定やマーケティングの力
- 商品企画の力・研究開発力：新しい技術を生み出し活用する力
- 調達力：品質良く安価な原材料や委託先を探し調達する力
- 製造力：品質・原価・納期を満足する製造をする力

● 営業・販売力：既存顧客を満足させ新規顧客を開拓する力

これら業務プロセスの価値は、バリューチェーンが会社の価値創造につながっているかという視点が重要となる。かつては業績を生み出す鍵となっていた製造ラインや販売拠点などが、次の時代では逆に足かせとなることも少なくない。このように、過去の成功体験の中で〝価値のあるもの〟として固定観念的に捉えられている業務プロセスと、将来の発展に真に価値を持つ業務プロセスとを見分けることが、知的資本の評価では必要となる。

(3) 経営管理(マネジメント)

「企業を経営する」とは、戦略の妥当性や計画の進捗状況を常に確認しながら、進むべき道を決め、組織を舵取りしていく活動にほかならない。こういった事業を健全に舵取りするために必要となる経営管理の質は、会社の力を左右する。

経営管理では、戦略の仮説を作り検証し、売上・粗利・在庫量・生産性などの指標を継続的に測定し、戦略仮説の妥当性や計画の進捗状況を確認・判断していく。

このＰＤＣＡサイクル、もしくは最近ではより柔軟かつ高速なＯＯＤＡサイクルを円滑に、有効に機能させるためには、情報共有や意思決定をするための会議体や意思決定のルールなど、経営管理の仕組みが必要だ。

こうした経営管理の仕組みが機能している会社は、試行錯誤をしつつも素早く効果的な戦略を作り出し、また環境変化に合わせて戦略を進化させていく。それに対して、経営管理の仕組みが弱い会社は、戦略や施策の効果を確認できないまま、効果の少ない施策を打ち続け疲弊したり、環境変化などに対応できないまま旧来の施策を延々続ける、といった誤りを犯しやすい。

なお、経営管理を支援する経理財務機能や情報システム、また知識・ノウハウを共有し、社内や外部の関係者に伝える仕組みも、経営管理に関する知的資本の要素となる。

人的資本の内訳

IIRCとISOの定義する人的資本

IIRCは、人的資本を人々の能力、経験及びイノベーションへの意欲として、以下のように簡潔に定義している。たとえば、次のような要素である。

- 組織ガバナンス・フレームワーク、リスク管理アプローチ
- 倫理的価値の共有
- 組織の戦略を理解し、開発し、実践する能力
- プロセス、商品及びサービスを改善するために必要なロイヤリティと意欲、また、それを先導し、管理し、協調するための能力

また、国際標準化機構（ＩＳＯ）は、２０１８年に制定したＩＳＯ３０４１４で、人的資本は図表２‐６に示す11領域について開示すべきとし、49個の項目を定めている。

しかしながら、経営の視点からは、これらの区分はいずれも直接的に経営につながるものだとは言い難い。人的資本の内訳を、もう少し実務的に解説しよう。

人的資本とは「人」の生み出す価値

知識社会においては、頭脳が生み出すアイデアや創造力が価値を生み出す源泉となる。人的資本こそ、知的資本の根本といえる。

人的資本は、「経営者の人的資本」と「従

図表2-6　ISO30414：11項目と58指標で構成される人的資本開示のガイドライン

1	倫理とコンプライアンス
①	定位された苦情の種類と件数
②	懲戒処分の種類と件数
③	倫理・コンプライアンス研修を受けた従業員の割合
④	第３者に解決をゆだねられた紛争
⑤	外部監査で指摘された事業の数と種類

2	コスト
①	総労働力コスト
②	外部労働力コスト
③	総給与に対する特定職の報酬割合
④	総雇用コスト
⑤	１人当たり採用コスト
⑥	採用コスト
⑦	離職に伴うコスト

3	ダイバーシティ
①	年齢
②	性別
③	障害
④	その他
⑤	経営陣のダイバーシティ

4	リーダーシップ
①	リーダーシップに対する信頼
②	管理職１人当たりの部下数
③	リーダーシップ開発

5	組織風土
①	エンゲージメント／満足度／コミットメント
②	従業員の定着率

6	健康・安全・幸福
①	労災により失われた時間
②	労災の件数（発生率）
③	労災による死亡者数（死亡率）
④	健康・安全研修の受講割合

7	生産性
①	従業員１人当たり EBIT／売上／利益
②	人的資本 RoI

8	採用・異動・離職
①	募集ポスト当たりの書類選考通過者
②	採用社員の質
③	採用にかかる平均日数
④	重要ポストが埋まるまでの時間
⑤	将来必要となる人材の能力
⑥	内部登用率
⑦	重要ポスト内部登用率
⑧	重要ポストの割合
⑨	全空席中の重要ポストの空席率
⑩	内部異動率
⑪	幹部候補の準備度
⑫	離職率
⑬	自発的離職率
⑭	痛手となる自発的離職率
⑮	離職の理由

9	スキルと能力
①	人材開発・研修の総費用
②	研修への参加率
③	従業員１人当たりの研修受講時間
④	カテゴリー別の研修受講率
⑤	従業員のコンピテンシーシート

10	後継者計画
①	内部継承率
②	後継者候補準備率
③	後継者の継承準備度（即時）
④	従業員の継承準備度（1-3年、4-5年）

11	労働力
①	総従業員数
②	総従業員数（フル／パートタイム）
③	フルタイム当量（FTE）
④	臨時の労働力（独立事業主）
⑤	臨時の労働力（派遣労働者）
⑥	欠勤率

（薄い網掛け）大企業・中小企業ともに対外開示を推奨される指標
（濃い網掛け）大企業が対外開示を推奨される指標

業員の人的資本」、及び「組織文化」で構成される。また、経営者と従業員の人的資本を構成する因子には、個人の持つ就業観など価値観、仕事に対するモチベーション、仕事を実行するうえで必要となるスキルやノウハウ、成果をもたらす行動様式であるコンピテンシーを含む。

以下、原則的に経営者とは、取締役・執行役など意思決定の責任者を指し、従業員とは正規従業員以外にも、契約社員・派遣社員・パートタイマーなど（経営者以外の）会社に属する人をすべて含む。

(1) 経営者の人的資本

経営者の役割とは、会社の向かうべきパーパスと目指すビジョンを決め戦略を作り、組織を動かし成果を残すことだ。古典的経営モデルにおいては、社員を〝人・モノ・金〟として同列に並ぶ、交換可能な「人的資源（Human Resource）」であり、経営とはこうした資源の消費をコントロールすることで経営を行うものとされた。

それに対して知的資本経営では、社員とは価値創造の源泉となる「人的資本」として捉える。そして経営者には、社員を自らの能力や創造性を十分に発揮するための手助けをし、社外の関係者の期待に応え、長期的な関係をつくり、会社の〝見えない価値〟を引き出し、組み立てていく役割が求められる。

このため経営者の人的資本の要素として、社内と社外の関係者の求心力となるパーパスや高いビジョンを設定する力、また価値観を体現する誠実さ、また創造的な対話をする力といった、リーダーシップが求められる。

(2) 従業員の人的資本

社員(従業員)には、自ら持つスキルを最大限に発揮し、業績を達成することが求められる。しかし、能力と意欲の高いエース級の人材がそろえば、組織の人的資本が高まるわけではない。

組織が最高の機能を発揮するためには、そうした人材が一つの方向に向け、自律的にお互い協力して仕事を進める必要がある。そのためには、従業員がパーパスやビジョンや価値観を共有することが必要だ。仕事を進める原動力となる個人のモチベーションや満足度、仕事に必要となる業務ノウハウの高さなども、重要な要素になる。

さらに、人材活用の仕組みや教育制度といった社員の人的資本を高める施策も、従業員の人的資本の要素に含む。

(3) 組織文化

高名な経営学者のピーター・ドラッカーは〝組織文化は戦略に勝る(Culture eats strategy for breakfast)〟という言葉で、組織文化の重要性を指摘した。組織文化とは、人が集まり活動を実施することで作られる〝行動パターン〟であり、〝組織の癖〟だともいってよい。

強い組織文化を持った会社は、一人ひとり価値観や目的意識をお互いに理解し、経営者が掲げるパーパスやビジョンについて社員が共感し、その実行イメージを共有し行動することで、組織全体が動いていく会社だろう。変化の速度が速まる時代、強い組織文化は会社の安定や存続にも有利に働く。現場の社員が、状況の変化やリスクに共通のパーパスに基づき自律的に判断していくからだ。それに対して、一般には意思決定が重層的な大組織になると、経営者の意図がなかなか末端に伝わらず、個々人の実行イメージもバラバラになりがちだ。そうなると、経営者がパーパスやビジョンを掲げれば、組織が同じ方向に向かって動くことは難しい。

組織文化は、過去の意思決定、評価や業務の流れ、顧客や取引先との関係性などが相互に絡み合いながら形成されるものだ。しかしながら、組織文化は自然と形成されるわけではない。意図的に創り出すべきものである。それには、人的資本だけに着目するのではなく、ここで解説した関係資本、組織資本、人的資本の全体を捉える必要がある。

自然資本の内訳

ＩＩＲＣの定義する自然資本

ＩＩＲＣは自然資本を次のように定義している。

- 組織の過去、現在、将来の成功の基礎となる物・サービスを提供するすべての再生可能及び再生不可能な環境資源及びプロセス。自然資本には次を含む。
- 空気、水、土地、鉱物及び森林生物多様性、生態系の健全性。

自然資本は会社には存在しないが、知的資本経営のインプットとアウトカムとして関連する。

この自然資本を最初から組み込んで考えることで、知的資本経営は、環境に対して構想する経営を実現することができる。

財務資本の内訳

知的資本経営での財務資本とは会計学の用語でいうと、財務諸表に記載される流動資産・固定資産に該当すると思ってよい。知的資本経営では、ＩＩＲＣの定義する財務資本と製造資本を合わせて、財務資本として説明する。

(1) 財務資本：ＩＩＲＣの定義

- 組織が製品を生産し、サービスを提供する際に利用可能な資金
- 借入、株式、寄付などの資金調達によって獲得される、又は事業活動若しくは投資によって生み出された資金

(2) 製造資本：ＩＩＲＣの定義

- 製品の生産又はサービス提供に当たって組織が利用できる製造物（自然物とは区別される）、たとえば、建物、設備、インフラ（道路、港湾、橋梁、廃棄物及び水処理工場など）
- 製造資本は一般に他の組織によって創造されるが、報告組織が販売目的で製造する場合や自ら使用するために保有する資産も含む。

第3章

知的資本経営

この章では、知的資本経営の構造を説明する。知的資本経営の2本の柱となるのは、パーパス（社会的存在意義）を問うことからはじめる価値創造ストーリーの設計と、人的資本を起点にした価値創造である。知的資本経営では、パーパスに沿った目標として設定するビジョンの実現を目指し、また、価値創造プロセスの実践のために、リーダーシップ開発を重視する。

知的資本経営の構造

知的資本経営とは、56頁に示した通り、財務資本と知的資本（関係資本・組織資本・人的資本）および自然資本を「インプット」として、事業活動を通じて、製品・サービスといった「アウトプット」を作り、新たな財務資本・知的資本・自然資本を「アウトプット」として残していく、一連の「価値創造プロセス」の全体を示すものだ。

また、57頁で説明した通り、知的資本経営は次の4つのステップからなる。

図表3-1（図表1-5） IIRCの提示した「新しい経営モデル」

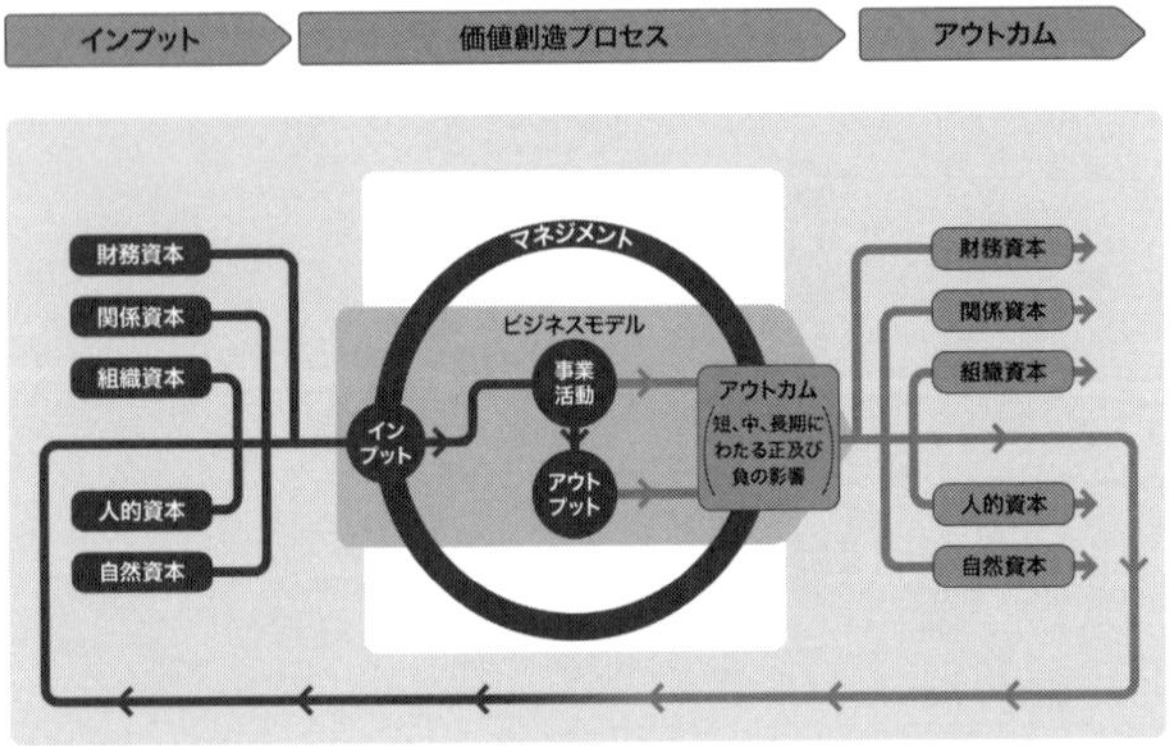

❶インプットである知的資本を可視化し、価値創造の源泉となるコアコンピタンスを特定する。

❷パーパスを描き、ビジョンを設定し、コアコンピタンスを活用する価値創造プロセスを設計する。

❸価値創造プロセスを実践し、アウトプットとアウトカムを生み出す。

❹価値創造の実践の進捗・結果を多様な関係者とコミュニケーションする。

この4ステップに対して、ＩＩＲＣの用語をあてはめると、知的資本経営を次のように説明できる。

図表3-2（図表1-6）　知的資本経営の4つのステップ

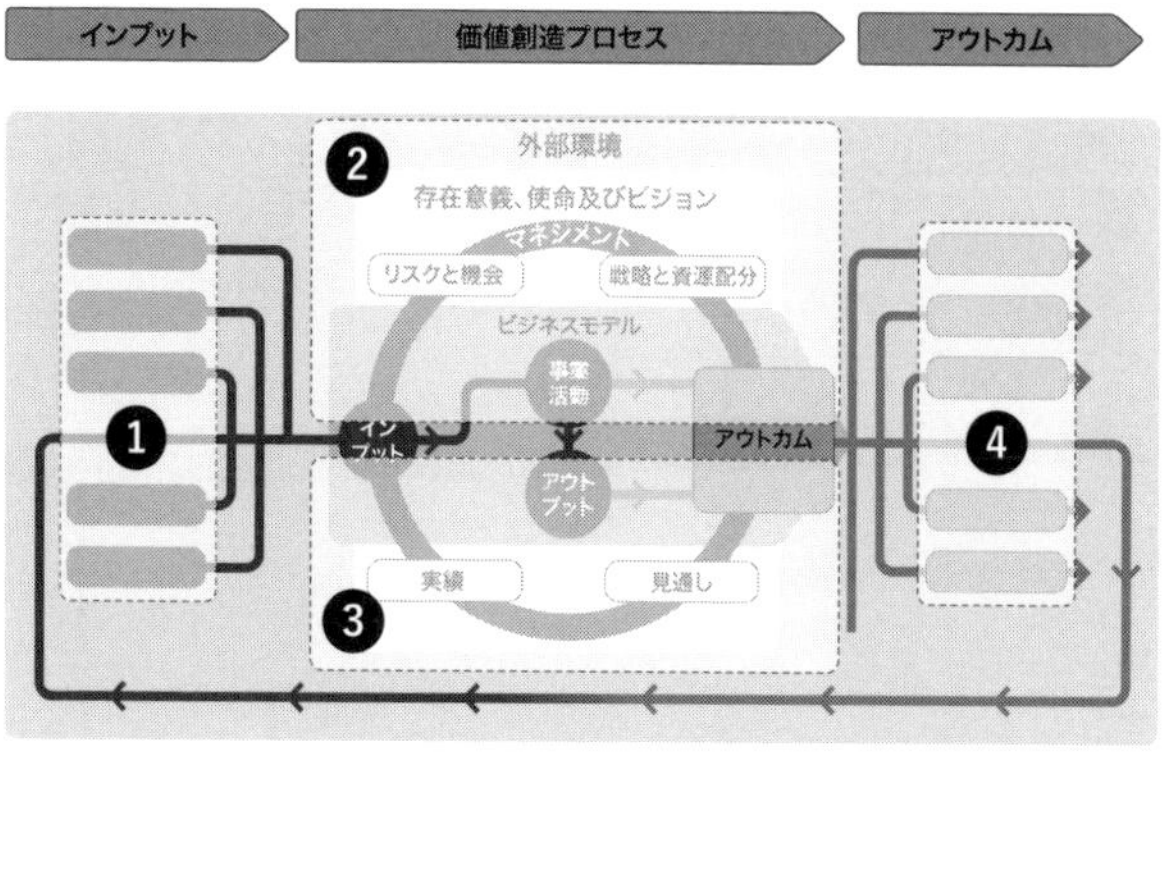

①「インプット」となる知的資本を可視化し、核となる知的資本を特定する。
②「外部環境」を理解し、向かう方向である「パーパス」定め、自社の目指す「ビジョン」を設定する。その実現のために「リスクと機会」を正しく捉え、価値創造ストーリーという「戦略」を設計し「資源配分」を検討する。
③価値創造ストーリーの「見通し」と「実績」をモニタリングしつつ実践し、「アウトプット」と「アウトカム」を生み出す。
④自社のパーパス、ビジョン、価値創造プロセス、また創り出した「アウトカム」を、社内・社外のステークホルダに伝える。

【註釈】ちなみに知的資本経営では会社の経営実務の利便性から、IIRCの用語と違う表現をしている部分もある。知的資本経営「マネジメント」について、IIRCは外部者による監査という視点から「ガバナンス」という用語を使っている。しかし会社の経営においては、マネジメントという言葉のほうが適切だろう。

「価値創造ストーリー」

知的資本経営において、知的資本の相互の関係を示し、知的資本をビジョンの実現につなげる一連の流れが「価値創造ストーリー」または「価値創造プロセス」だ。

この価値創造ストーリーを考える議論の中で、今、優先的に取り組むべきこと、また長期的に取り組むべきこと、そしてその優先度が見えてくる。目先の売上の確保か、それとも長期視点での優位性の強化か、といった議論をすることができる。

たとえば、売上などの財務的な業績を達成するためには、業務の標準化とＤＸ、経営人材の育成、基礎技術の研究開発といった長期視点での知的資本の強化が必要だと、あらためてわかることが多い。しかしながら、これら長期的な施策は、ともすると後回しになりがちだ。

この価値創造ストーリーを考えることで、目先の対策ばかりに振り回されることなく、より本質的な施策に着手することができる。

知的資本経営での組織マネジメント

古典的経営モデルでは、問題解決アプローチに基づき、会社を機械のように数値で制御すべきと考える。このため、精緻な経営計画を作成し、その計画通り実行しようとする。

しかしこうした数値計画は、本社の企画部門が現場感を持たないまま作る、ということも多かった。こうした納得感のない数字が一方的に上から降ってきても、現場は達成できない。そうなると本社はさらに管理強化に走る、という相互不信の悪循環に陥っていく。

知的資本経営のマネジメントは、これとは180度違う。

社員一人ひとりが会社のパーパスとビジョンを共有し、自分の関係する価値創造ストーリーを理解している。自ら納得した仕事なら意欲をもって取り組める。社員はビジョンに照らし合わせ、自分の仕事を自律的に考え、他の部門や取引先と協力して、会社を自律的に動かしていく。

現実の顧客や課題を最も知り、実際にアイデアを出し、課題を解決し、行動するのは現場だ。知的資本経営では、現場と経営者との〝オープンな対話〟を通じて、社員がパーパスやビジョンを具体的なイメージとして理解し、ジブンゴトとして共感することを目指すのだ。共感があってこそ、本社の視線では見えない、現場レベルでの創意工夫が生まれてくる。

一方の本社は、明確なパーパスと現実的なビジョンを掲げ、現場の主体的な活動や創意工夫を促す仕組みをつくり、現場を手助けする役割に徹するべきだ。

このように、それぞれの部門、さらには社員一人ひとりが自分自身の個性を大切にしつつ、自律的にパーパス向かって動いてこそ、会社全体のビジョンが実現していくのだ。

もちろん、このような理想が完全に実現している会社は現実の世界には存在しないだろう。しかし、知的資本経営の描く理想像は、このような組織であることは揺るがない。

知的資本経営の「２本の柱」

知的資本経営には「パーパス経営」と「人的資本からの価値創造」という２本の柱がある（図表３－３）。

この２本の柱を60頁でイメージした知的資本経営の果樹の図の上で示してみたい。

この果樹の例えでは、インプットとする知的資本を「根」に、アウトプットとアウトカムを「果実」としてイメージした。すると、パーパスとは（果樹の伸びる方向を示す）「北極星」で

図表3-3　知的資本経営の図

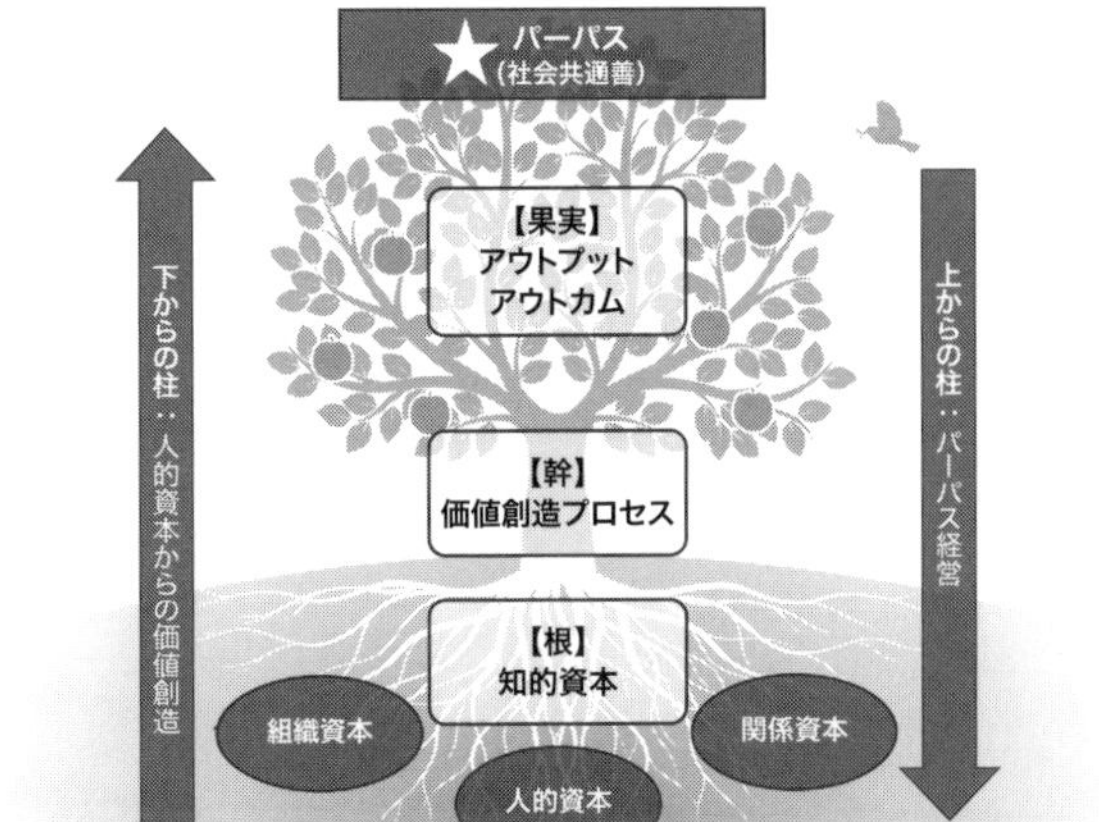

あり、ビジョンとは果樹が未来に「なりたい形（姿）」だと考えることができる。

そして知的資本経営に相当する「幹」は、上下2つの方向から差し込まれた「柱」、つまり支柱となる考え方、に支えられている。

まず、パーパスという上方向から差し込まれた柱があり、また人的資本という下方向から差し込まれる柱がある。この2つの柱について説明しよう。

「パーパス経営」（知的資本経営の上からの柱）

会社のパーパスが問われている

なんのために会社という組織があるのか？

古典的経営モデルならば、会社の存在意義とは株主価値の最大化であり、そのために〝利益をあげること、お金を儲けること〟という答えが、なんの迷いもなく返ってくるはずだ。

古典的経営モデルが前提とした工業社会の時代の社会課題や顧客のニーズとは、一言でいうと〝物質的に豊かになること〟であった。安くて良いモノを作ることが、当時の会社の最大の使命だったのだ。

しかし、物質的な豊かさを達成した現在では、第1章に記述した通り、会社の社会的存在意義が問われている。指針とするパーパス（社会的存在意義）を示せない会社は、文字通り、社会における存在価値がない。

知的資本経営の世界観では、会社は社会の一員だ。社会から恩恵を受けつつ、社会に恩返しをして、その社会をさらに豊かにする。その中で自分の会社もさらに豊かになっていく。知的資本経営のパーパスは、一言でいうと「社会共通善」の共創にある。知的資本経営とは、会社のパーパスとはなにかという問いに、正面から答える経営なのだ。

もちろん会社には利益が必要だが、それは目的ではなく手段だ。パーパスこそが会社の存在する意義なのだ。知的資本経営とは、まさに「パーパス経営」なのである。

パーパスはまた、「北極星」にたとえられることもある。北極星には、辿り着くことはできない。しかし、会社の目指すべき方向を明確に示してくれる。

ちなみに、「ミッション」もパーパスと似た概念だ。実務上は、パーパスとミッションは同じものとして扱って問題ない。ただし、パーパスは広く自社の「社会的な存在意義」を考えるのに対して、ミッションは自社起点の「使命」を考えるというように、その視点は若干異なる。

DX・SX・GXを踏まえる

パーパスを考えるときには、DXとSXとGXの3つの「X」を押さえたい。

「X」とはトランスフォーメーション、つまり、未来に向けて会社や社会が「変化・転換」するということだ。そして、DX(Digital Transformation)とはデジタルによる産業や社会の転換、SX(Sustainability Transformation)とは持続的社会に向けた転換、GX(Green Transformation)とはゼロカーボン社会への転換という意味だ。

詳しくは第4章で説明するが、社会が大きく変化する現在、この3つの要素を踏まえたうえで、未来志向のパーパスを考えたい。そして知的資本経営は最終的には、こうしたパーパスを追求する結果として、会社そのものを転換し進化させるCX(Corporate Transformation)を目指すのだ。

別の言葉を使うと、社会共通善の共創を目指す知的資本経営とは、社会に新しい価値を創造する「ソーシャル・イノベーション・ビジネス」であるともいえる。

パーパスが「同志」を巻き込み「共創」を促す

社会課題解決というパーパスを目指すにも、どんな大企業でも一社だけでは動き得ない。業界の他社、他業界の会社、また金融機関や行政やＮＰＯと連携しながら進めなければならないはずだ。

このような他者を巻き込むときに必要となるのが、このパーパスだ。パーパスに共感する人たちや組織を、志を同じくしたまさに〝同志〟として巻き込んで、彼らとともに社会課題の解決という価値を〝共創〟していく。それでこそ、大きな社会イノベーションが生まれるのだ。

ビジョンとは未来に目指す到達点

ビジョンとは、パーパスという北極星の方向を目指して実際に行動し、たとえば３年後なり５年後なり10年後なりという未来に、辿り着くべき具体的な目標地点である。ビジョンとは目指すべき到達点、またはゴールだともいえる。

現在とは異なる未来の事業環境を踏まえたうえで、パーパスに沿って、目指す会社の姿をビジョンとして具体的に設定するのだ。

古典的経営モデルでは、詳細な計画を作り、それを着実に実行することを重視した。しかし現実には、いくら詳細な計画を作っても想定外のことがたくさん起きる。一度軌道を外れると計画は修正困難となり、組織は迷走しがちだ。

それに対して社員がビジョンというゴールを共有していれば、実行の結果が当初の見通しから多少ずれたとしても、社員は自律的に判断して、ビジョンをめざす新たな進路に軌道変更することができる。社員が自律的に判断し行動するためにも、向かうべきビジョンが必要となるのだ。

ビジョンを「未来からのイノベーション」として考える

ビジョンとは、未来に実現したい到達点を描いたものだ。なので、その前提とする外部環境は、当然未来を想定したものでなければならない。

たとえば、ＳＸ・ＤＸ・ＧＸが当たり前になっている、15年後の世界を考えてみよう。15年後には、人工知能やロボットの技術は現在とは比べ物にならないほど進んでいるはずだ。また、自動運転も普及しているはずだ。そして、日本や東アジアでは高齢化が進む一方で、医療の進歩も著しく、地球環境や生物多様性への配慮は当然の義務となっているだろう。

このような未来を前提とすると、現在の延長線上にはビジョンは描けない。ビジョンを描くには、未来を創造する「イノベーション」の視点が不可欠だ。

未来を想定してビジョンを描き、いま為すべきことを考える方法を「バックキャスト」という。ビジョンは、現在の延長線上でなく、バックキャストした未来から考えよう。

ポジティブかつ具体的なビジョンが、会社を動かす

到達点であるビジョンとは、会社が〝未来になりたい姿〟を具体的に描いたものだ。「なりたい姿」とは、自社が他社を出し抜いて利益を独り占めしている姿、というわけでもないはずだ。多くの人にとっては、自社が社会に貢献し、尊敬されて、そして自社も利益を享受している、という姿のほうが望ましいはずである。

良いビジョンとは、広く社会に対する高い視座を持ちつつ、社員の好奇心や意欲をかきたて、社員の成長につながる目標を設定するものだ。ポジティブな、ワクワクするビジョ

ンこそが、組織を前向きに動かしていくのだ。

このビジョンは、クリアかつ具体的なイメージとして描く必要がある。それにより初めて社員がジブンゴトとして何をすべきかイメージを持つことができ、自律的に動くことができる。

それに対して、単に売上や利益の目標数値を、また曖昧なメッセージをビジョンだと称している会社も少なくない。たとえば、〝5年後の売上500億円！〟とか〝お客様が第一です〟といったものだ。しかしその言葉に具体的な内容が伴わない限りは、社員はワクワクしないし、自分が何をすべきか見えてこない。こうした代物は、到底ビジョンとは言えない。

現状を正しく認識しつつ、それでも夢のあるビジョンを描き、実現するための方法を必死に考え、現実の会社を動かしていくことこそが、経営なのだ。

ポジティブかつ具体的なビジョンを描いて、会社を動かしていこう。

知的資本とは、過去にこだわるためではなく、未来に活かすために使うもの

知的資本経営とは、会社の持つ知的資本の活用を基本に考える経営手法だ。

このため〝知的資本経営とは、未来の変化に抗って、現状を維持する経営手法ではないか〟と誤解する方も少なくない。

そうではない。知的資本経営では、変わる未来の経営環境の中で、自社の強みをいかに生かしていくかを考えるのだ。そうでなければ、未来の経営環境の変化に振り回されるばかりになってしまう。だからこそ、自らの強みや自社らしさを探り出し、フォーカスすることが大事なのだ。

こうした変化する未来においてこそ、事業を成功させるためには自らの強みに立脚することが必要だ。〝自分たちの知的資本の強みをもって、変化する未来の顧客や市場にどんな新しい価値を創れるのか〟といった問いかけが、未来を切り拓く戦略なのだ。

また、経営環境が変われば、今まで大事にしてきた知的資本も不要となるかもしれない。未来の変化に柔軟に対応するためには、不要となる知的資本を洗い出し、その知的資本を切り離す必要がある。そして、新たな強みを獲得・育成しなければならない。そのためには、自社の知的資本を客観的に認識する必要があるのだ。

知的資本経営とは、未来に能動的に対応し、自社の力を最大限に活かすためにあるのだ。

「人的資本からの価値創造」（知的資本経営の下からの柱）

人的資本↓組織資本↓関係資本↓財務資本

知的資本には、人的資本、組織資本、関係資本の３つがある。この３つの知的資本の間には、大きな流れでいうと、

> 人的資本が組織資本を作り
> ⬇組織資本が関係資本を作り
> ⬇関係資本が財務資本を作る

という関係がある。

たとえば、会社が成長する過程を見てみよう。どんな大企業でも、最初に起業したときには、経営陣と数名の同志という「人的資本」しかない。業務という関係資本も、顧客という関係資本も、売上という財務資本もないところからスタートするのだ。それが、創業後しばらくすると、研究開発の成果とともに新商品が開発され、仕事の仕組みという「組織資本」が作られる。そして、営業活動を通じて商品が市場に認知され、顧客という「関係資本」を獲得し、それが新しい売上（財務資本）につながっていく。

もちろん、知的資本は相互に関連しているので、細かなところでは順番が逆になったり、循環することもあるが、大まかにはこのような流れで捉えられるだろう。

このように、知的資本経営の価値創造の出発点となるのは人的資本なのだ。財務的な業績をあげるためには、知的資本を、とりわけ人的資本を高めることから考える必要があるのだ。

人的資本は、価値創造ストーリーと関連してこそ機能する

こうした人的資本は、自社ならではの価値創造ストーリーと結びつけてこそ意義がある。

会社独自のパーパスに沿ったビジョンの実現に必要となる人的資本は、会社により異なるからだ。

たとえば、鉄道会社とインターネット企業という、対象的な2つの会社を考えてみよう。鉄道会社の人的資本の強みは、現場の社員の真面目な働きぶりにあるだろう。彼らに求められるのは、真面目に規律正しく業務に従事することだろう。勤務時間中に好き勝手に創意工夫をされては困るのだ。

それに対して、ネット企業の成功の鍵を握る人的資本は、創造性溢れるアイデアを持ち、機動的に動く社員だ。いかに真面目で規律正しい社員が揃っていても、会社を成長させることはできない。

このように、会社によって、必要な人的資本は異なる。一つの視点で人的資本を評価することに、意味はない。

人的資本は、知的資本経営の価値創造ストーリーの中に位置づけてこそ、正しく活用できるのだ。

「人的資本開示」は価値創造ストーリーに紐づけてこそ意味がある

人的資本が注目されている背景には、上場企業を対象に２０２３年から人的資本の開示が義務化されたことが大きい。この経緯については第5章で説明する。

人的資本経営とは、〝採用、教育・研修、評価・報酬、キャリア開発といった人事施策を通じ、社員のモチベーションを高め、生産性をあげ、業績を向上することを期待するもの〟と説明されている。そして、多様な社員が活躍できるようダイバーシティ&インクルージョンを進め、最適な人材配置を可能とする人材データの活用を推進していくものだ。

国際標準化機構（ＩＳＯ）は、この人的資本経営を促すために、91頁に述べたような11の領域と49個の指標を定義し、その開示を促している。

しかしながら、単にＩＳＯが決めた指標を集め、報告書に記載するだけで〝良し〟としている会社も多い。これではいくら詳細にデータを集め開示しても、何の意味もない。

たとえば、開示を推奨されるコストの項目の一つに〝一人あたり採用費〟がある。しかし、これが高いほうが良いのか（優秀な人材の採用にはそれなりのコストがかかる）、低いほうがよいのか（会社のブランド力が高ければ募集コストは低くて済む）は、その会社の価値創造プロセスによって意味合いが異なってくる。

会社によって価値創造ストーリーが異なる以上、会社により必要となる人的資本は異なる。一律の指標で人的資本を開示し、横並びに比較することに意味はない。

せっかく人的資本開示をするのならば、価値創造ストーリーに沿って業績を向上し、さらに社会価値創造に直結する人的資本のあり方を考え、その強化について開示すべきなのだ。価値創造ストーリーに結びつかない項目と数字が単に並ぶだけの人的資本開示は、経営陣が自社の強みを理解していないことを、天下に公言するようなものかもしれない。

「リーダーシップ」が新たな価値を創造する

知的資本経営の出発点となる人的資本だが、その中で最も重要なのが、経営者などのリーダーの資質だ。リーダー如何によっては、超優良企業も見る見るうちに凋落することもあれば、傾きかけた大企業が次第に立ち直っていくこともある。

リーダーとは、リーダーシップを持ち、人や組織をよりよい方向に力強く導く人物だ。そしてリーダーシップとは〝自己の理念や価値観に基づいて、魅力ある目標を設定し、またその実現体制を構築し、人々の意欲を高め成長させながら、課題や障害を解決する行動〟とされる。

リーダーは役員や部長といった地位とは必ずしも連動しない。年功序列的に出世したものの、とくに自分の理念や価値観も持っておらず、魅力あるビジョンも描けない、といった社長も現実には少なくない。このような人物はリーダーというには値しない。

一方で、現場や研究所でも、新たな研究開発や事業企画に勤しみつつ、周囲の人を巻き込みながら、着実に成果をあげる人たちもいる。彼らこそ、リーダーというべき人材だ。

知的資本経営の成功の鍵を握るのは、会社の人的資本だ。そして会社の人的資本の質とは、このようなリーダー人材がどれほど社内に居るかで決まる、といっても過言ではないだろう。

図表3-4 「智と軸」のリーダーシップ

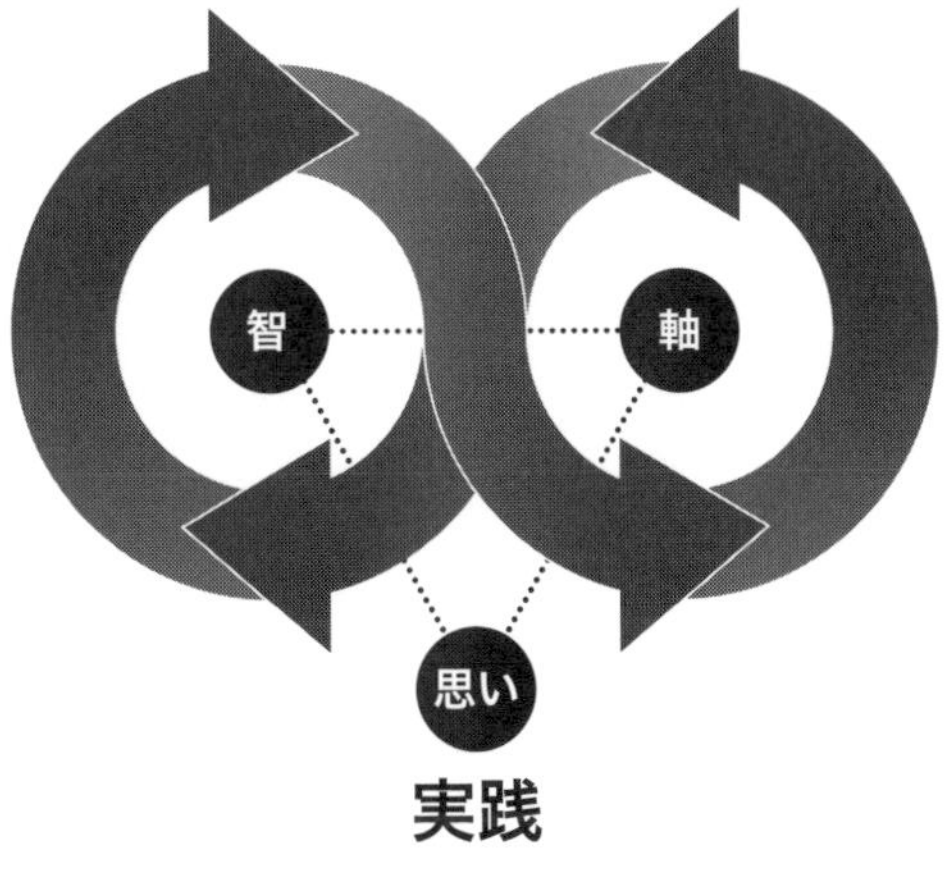

「智と軸」のリーダーシップ

こうしたリーダーとは、人や組織、社会をよりよくしようという強い「意志の力(ウィルパワー)」を持ち、かつ「智と軸」という能力を備え、組織を動かしていく人材だ。

「智」とは、自社と周囲の状況を正しく認識するために必要となる「知識」、経験に基づく「智慧」の両方を意味する。ここでいう「知識」とは、単なる業務や業界の知識だけではない。経営学や組織論といった経営リテラシー、技術や社会の未来の変化の認識、また哲学などの教養を含むものだ。そして「智慧」とは、個人の体験や経験を通じて蓄積された〝気づき〟という暗黙知だ。

「軸」とは、正解が見えない中でぶれない判断をする価値観だ。智だけでは、人を動かすことはできない。人を動かすには、自分自身が信じるブレない価値観と、他者に伝わる熱量が必要だ。

そして、リーダーはこの「智と軸」を支える、個人としての意志の力を持ち、実践を通じて実績を残し、自分自身もさらに成長していく。

古典的経営モデルでは地位が人を動かす。それに対して知的資本経営のリーダーとは、リーダーの掲げるパーパスとビジョン、そして「智と軸」に共感する「フォロワー」が作るものだ。

最初からリーダーだった人はいない。また完璧なリーダーという人もいない。そして、〝リーダーという型〟も存在しない。リーダーシップは、個人の「智と軸」を通じて開発されていく、一人ひとりのオリジナルであるものなのだ。

リーダーシップ開発は、知的資本経営成功の基盤となる。ＩＣＭＧグループが実践しているリーダーシップ開発の方法論については、第4章で簡単に説明する。

Column

競争戦略論と経営資源論

経営戦略をつくるためには、まず現在の自社の立ち位置を正しく認識する必要がある。

このとき、知的資本という内部資源と、経営環境という外部環境の、どちらを優先すべきか、ということで経営学者たちの論争があった。

外部環境を重視するのが「競争戦略論（ポジショニング論）」だ。競争戦略論はハーバード大学のマイケル・ポーター教授などが提唱した経営理論で、1980年頃から経営学の主流の座にある。この競争環境論を一言でいうと〝市場機会が大きな領域を攻めろ〟ということだ。しかし極論すると、客観的な市場分析をすると、すべての会社が似通った戦略を導き出す可能性もある。

これに対して、内部資源を重視するのが「経営資源論（リソース・ベースド・ビュー）」だ。経営資源論は、オハイオ州立大学のジェイ・バーニー教授などが提唱する経営理論で、1990年頃から台頭してきた。経営資源論では、自社

Column

の持つ経営資源（知的資本）の強みに注目し、その活用・強化に基づく戦略を提唱する。

経営資源論を一言でいうと〝自らの内部資源に軸足をおいて磨きをかけ続けろ〟ということだ。目まぐるしく変わる市場環境に振り回されたり、競合を真似する戦略には意味がないというわけだ。

その後、データによる検証が行われ、現在では、外部環境と内部資源の両方が企業業績に寄与するものであり、戦略検討にはその両者を取り入れるべきだと考えられるようになった。

知的資本経営の思想的な背景は、経営資源論にある。

しかし、事業環境を正しく認識するためには、ポーター教授の提唱したツール、たとえばファイブフォース分析やバリューチェーン分析といった、競争戦略論のツールも活用する。

つまり知的資本経営とは、外部環境の変化を見極めつつ、内部資源の強みの活用を考える、経営資源論と競争戦略論の両方のよいところを取り入れた経営手法だといえる。

第４章

知的資本経営の４Ｄサイクル

この章では、知的資本経営を実践するための方法論の一つである４Ｄサイクルを説明する。ＩＣＭＧが20年以上かけて取り組み、完成度を高めてきたマネジメント手法である。

４Ｄサイクルは次の４つのステップからなる。

ＳＴＥＰ１：ＤＩＳＣＯＶＥＲ
知的資本の可視化

ＳＴＥＰ２：ＤＥＳＩＧＮ
パーパス～価値創造ストーリーの設計

ＳＴＥＰ３：ＤＥＬＩＶＥＲ
価値創造の実践

ＳＴＥＰ４：ＤＩＳＣＬＯＳＥ
知的資本経営の成果を伝える

知的資本経営の4Dサイクル

知的資本経営の4Dサイクルでは、次のDISCOVER、DESIGN、DELIVER、DISCLOSEのステップを回していく。

STEP1：DISCOVER　知的資本の可視化

自社の知的資本を客観的に認識し、自社の強みを発見し、自らの強みの源泉となる「核となる知的資本」（コアコンピタンス）を特定する。

このステップでは、暗黙知である知的資本を可視化するために、社内・社外の関係者（ステークホルダー）と対話を通じ、「核となる知的資本」を把握する。

STEP2：DESIGN　パーパス～価値創造ストーリーの設計

知的資本経営の中心に置く、「パーパス」（自社の社会的存在意義）をあらためて問い直し、言語化する。そして、自らの知的資本を活用する戦略を「価値創造ストーリー」として設計する。

STEP3：DELIVER　価値創造の実践

パーパス実現を目指し、各部門の現場が主体的に価値創造ストーリーを実践していく。その実践を進める中心となるのが「智と軸」を備えたリーダーだ。このステップでは、リーダーシップ開発についても説明する。

STEP4：DISCOSE　知的資本経営の成果を伝える

広く社会を含めた関係者（ステークホルダー）に対

図表4-1　知的資本経営の４Ｄサイクル

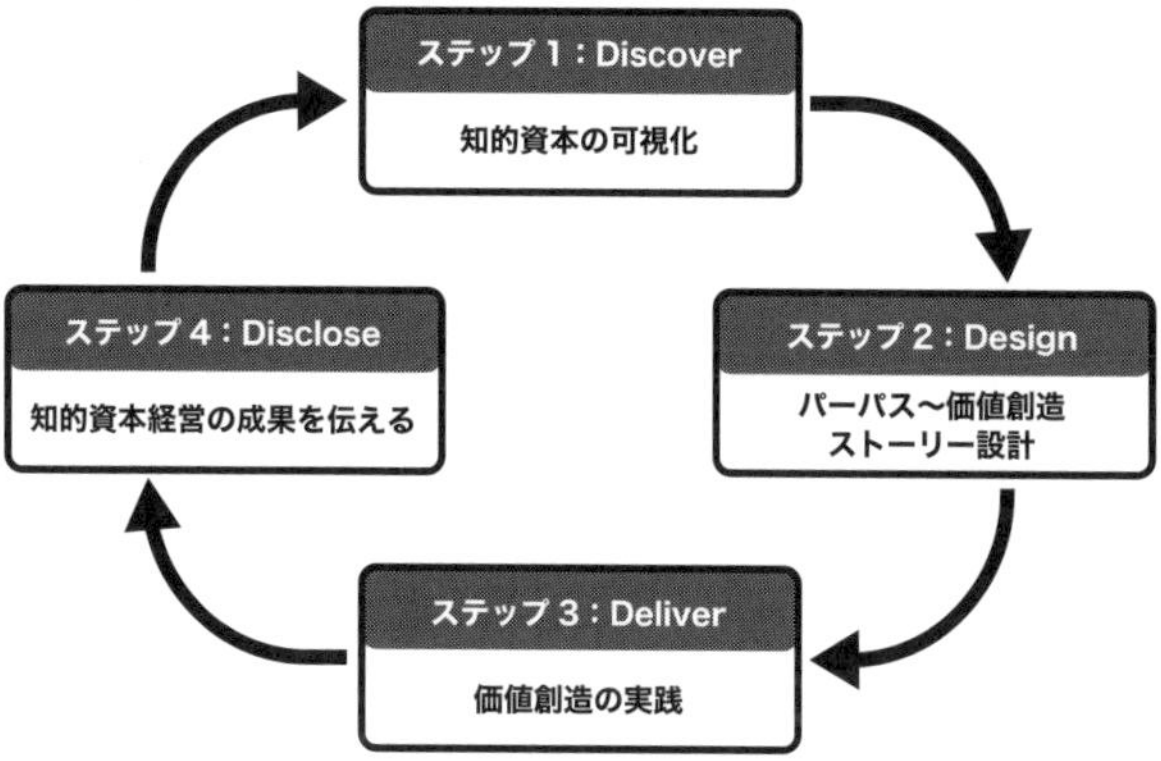

して、自社のパーパスと価値創造ストーリーを宣言し、自社の知的資本と、価値創造の進捗を伝える。

ポジティブ心理学をベースとした４Ｄサイクル

この知的資本経営の４Ｄサイクルの背景にあるのが、「ポジティブ心理学」だ。

ポジティブ心理学は、人間の徳や強さに焦点をあてるという心理学であり、その一つにＡＩ（Appreciative Inquiry：肯定的な問い）という手法がある。

古典的な戦略策定や組織変革のベースにあるのは〝問題解決というネガティブ・アプローチ〟だ。問題解決アプローチとは、組織を〝問題を抱えた存在〟と捉え、その問題を明確に分析し、適切な解決策を立案・計画し、命令とコントロールにより実行することにより、解決しようとするものである。

しかし、組織を問題を抱えた存在として捉え、目標を外から与える限り、組織のメンバーによる自発的な行動は期待できない。また仮に成果を達成しても、組織に疲労感が残る場合が多い。

それに対してＡＩ手法は、〝ビジョン追求というポジティブ・アプローチ〟に基づいて考える。問題を客観的に認識したうえで、同じ組織を「無限の可能性を持つ存在」とポジティブに捉えるのだ。ＡＩ手法で行う、組織の長所・成功・真価・希望・夢といった、組織の強みやポジティブな側面に対する問いかけや対話を通じ、組織メンバーが自律的にお互い協力し、アイデアを出しはじめ、結果として課題を解決する可能性が高まる。当初の期待値を上回る目標をメンバーが自ら設定し、クリアしていくことも多いのだ。

知的資本経営の４Ｄサイクルは、このＡＩ手法の４Ｄサイクルに基づいている。現状を正しく認識しながら、組織の知的資本の強みに目を向け、組織の希望や夢を問い、組織の変容と成功をもたらすのだ。

ドラッカーの戦略論と４Ｄサイクル

ピーター・ドラッカーは、早くも１９６０年代に知識社会の到来を予言した、碩学《せきがく》の経営学者だ。ドラッカーは、経営戦略を〝自社の現在の立ち位置を知り、この先どこへ行きたいかを考え、どうすればそこに辿り着けるかを理解するステップである〟と定義した。

この４Ｄサイクルは、このドラッカーの戦略検討の定義と次のようにリンクする。

4Dサイクル　ドラッカーのステップ

STEP1：DISCOVER 1）自社の現在の立ち位置を知る
STEP2：DESIGN 2）この先どこへ行きたいかを考える
STEP3：DELIVER 3）どうすればそこに辿り着けるか理解する

このように知的資本経営の4Dサイクルとは、古典的な経営理論と新しいポジティブ心理学の両方の方法論を融合したものだといえる。

では、次からそれぞれのステップの進め方を見ていこう。

STEP1：DISCOVER　知的資本の可視化 ‖

「暗黙知」である知的資本を可視化する

ＳＴＥＰ１では、自らの知的資本を棚卸し、把握し、それを自社で共有できるよう可視化していく。しかしこの知的資本は、なかなか簡単には可視化できないのだ。

たとえば財務資本ならば、売上額にせよ固定資産にせよ絶対的な数値を〝金額〟として直接把握できる。だからこそ、古典的経営モデルではこの扱いやすい財務資本を中心に構築されてきた、という側面もあるはずだ。

たしかに、知的資本を定量的に把握する方法もある。たとえば人的資本を従業員満足度などの指標で定量化することもできる。またブランド力もブランド認知率やイメージ調査などで定量化することができる。

しかし、知的資本の定量評価には主観が入ることは否めない。たとえば、社員満足度調査の回答値は社員によって相当違うはずだ。また、ブランドも人によりその評価は随分違うはずだ。

そして、従業員満足度は人的資本のほんの一面だ。従業員の能力や、経営陣の資質などを定量的に把握するならば、そのための指標を別途考える必要がある。

さらに、会社の業務プロセス力はどう把握すればよいのだろう。業種が違うと、一律の数値基準で評価することは難しそうだ。さらに、この会社の経営陣または業務プロセス力には金銭的にいくらの価値がある、などと換算することは困難だ。

このように、知的資本は簡単には定量化できない。そもそも知的資本は外からは見えない「暗黙知」として存在しているからだ。自社の暗黙知である知的資本を掘り出すためには、「対話」が必要となる。

「対話」を通じた知的資本の可視化

暗黙知である知的資本を表出させ、可視化するには、社内・社外のさまざまな関係者と「対話」することが有効だ。

たとえて言うと、自分の性格や強みは、自分が一番わかっているつもりでも、その認識は相当間違っていることが多い。しかし、その人をよく知る他人には、その人の性格や強みがよく見えている場合も多い。また、自分の国の良さ、悪さも、海外旅行や海外赴任の体験という外部の目を通して、はじめて客観的に見えてくることが多い。このように〝外からの視点〟から見ることで、自分自身ではじめて正しく認識することができる。

知的資本も同じだ。経営者の視点だけではなかなか正しく見えてこない。社内または社外の関係者(ステークホルダー)の視点が必要だ。そして、会社と関係の深いステークホルダーは、仮に明確に言語化していなくても、会社の知的資本をよく認識している。

たとえば、取引先との対話により〝この会社は納期を守るから取引している〟とか、顧客との対話により〝品質は素晴らしいが、売り方はもっと工夫が必要では〟といった意見が得られる。また、社員も〝技術力には自信があるが、部門間の風通しが今ひとつで十分に活用されていない〟などと教えてくれる。

客観的な数値ばかりでなく、こうした主観的また定性的な情報にこそ、暗黙知である知的資本を把握する鍵が隠されていることが多いのだ。

「弁証法的対話」を通じ、知的資本を可視化する

こうした関係者との対話を進めていくと、ときには正反対にまで違う認識や感情がたっぷり入ったコメントなど、あらゆる視点からの評価が集まる。

たとえば、販売代理店からの〝あの会社は自分たちの技術力はとても高いと思っているが、我々が評価しているのは顧客対応力であり技術は月並みと思っている〟という話であったり、取引先からの〝経営者は値引きで量を売る戦略を考えているが、顧客は品質の軽視に困惑している〟という話は、対話で実に多く得られる内容だ。

そして関係者の間で、こうした認知ギャップがある場合、そこから大きな示唆を得られることが多い。

たとえば、ブランドについては、会社がそのブランドを〝最先端の消費者向け製品〟として伝えたいと考えているのに対し、多くの顧客が〝高品質だがシニア向けの製品〟と認知しているならば、そのブランドは会社にとって期待通りの価値を生んでいないことがわかる。

また、製造責任者は品質に自信を持っているが、顧客が品質に満足していない場合、顧客が求める品質と社内で重視する品質とに齟齬があるかもしれない。

このような情報のすべてが正しいわけではないが、外からの視点を取り入れてこそ、正しい自己認識が得られる。こうした情報は、単に定量データを採取するアンケート調査からは入手できない。また、ルーチン的な営業活動などからも聞くことは難しい。やはり関係者との深い「対話」が必要だ。

こうした一見矛盾する情報を読み取り俯瞰し、対話を通じて真理を見つけ出すという「弁証法的対話」を通じ、知的資本を可視化していくのだ。

直言を聞く、現実を直視するのには、とても勇気がいる。しかし、その直言を通じて自社内だけでは見えない自社の知的資本の姿が見えてくるはずだ。

自社の強みを正しく理解することで、より確度の高い戦略や価値創造ストーリーを設計することができる。その結果、ステークホルダーとの信頼関係もより深まり、彼らとともに持続的な成長も可能となるはずだ。

［参考］知的資本を可視化するツール

知的資本を把握し可視化するツールはいくつかある。ＩＣＭＧはその中でも、ICRating®（Intellectual Capital Rating：知的資本格付）というツールを活用することが多い。ICRating®は、知的資本をさまざまな質問

図表4-2　ICRatingのアウトプットイメージ

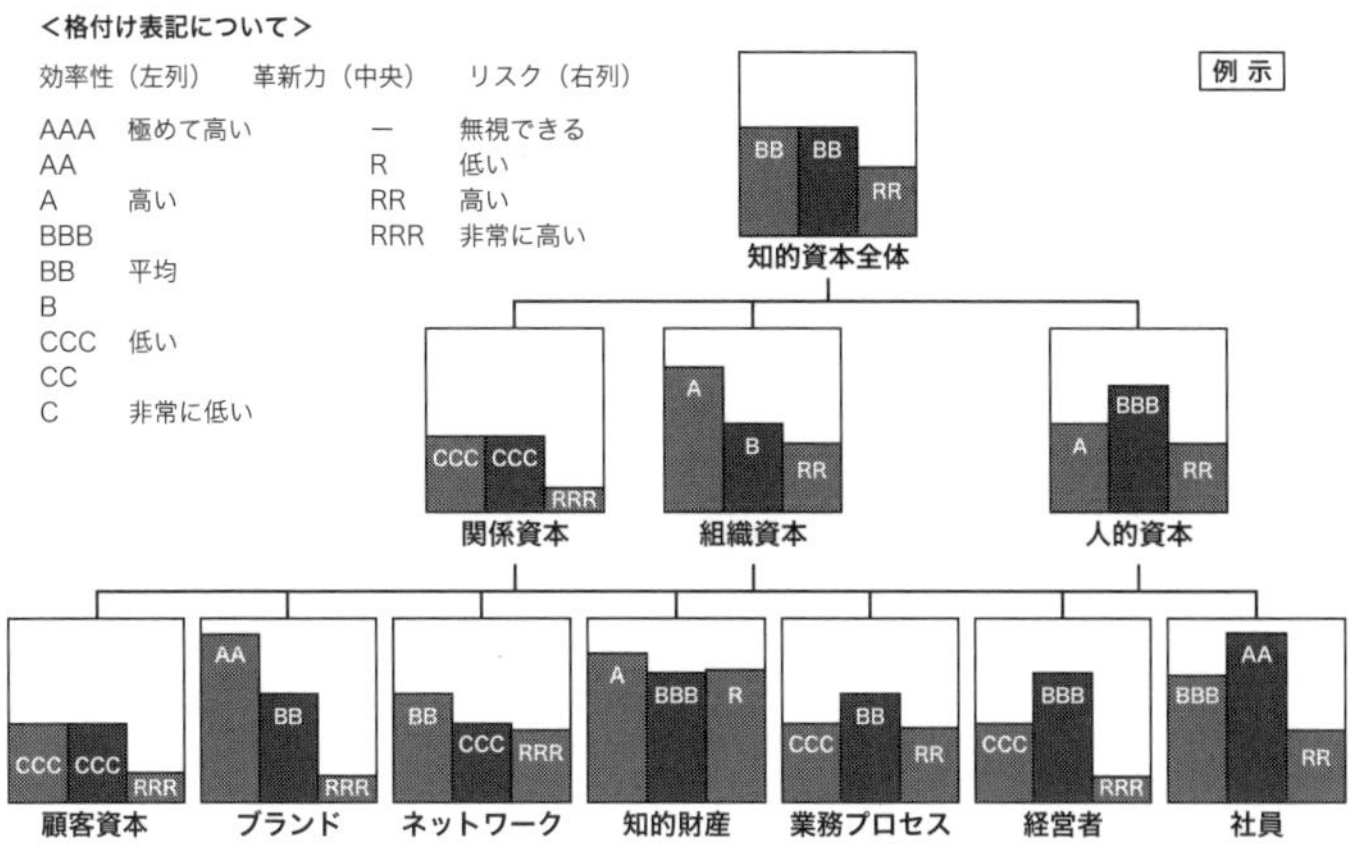

を通じて格付けという数値で定量化するとともに、対話を通じて知的資本を定性的にも把握するツールであり、知的資本の可視化ツールとして世界で最も広く最も利用されている。国内でも、その簡易版が日本取引所グループ（JPX）が2007年から2010年にかけて、ジャスダック（現グロース市場）上場企業の398社に対して実施した「JQバリューアップ診断」にも活用された。このICRating®のアウトプットのイメージは図表4－2のようになる。

「コアコンピタンス」（核となる知的資本）を特定する

すべてが完璧である人物など存在しない。しかし誰でも自分の強み（持ち味や特技）を活かすことで、他人や社会に貢献し、成功を収めることができる。そして、その持ち味や特技は、人によりすべて異なる、その人独自のものだ。

会社も同じだ。すべての知的資本が優れているという会社はない。しかし、その会社独自の知的資本を活かすことで、社会に貢献し、事業を持続的に成長させることができる。このように、自社をこれまで存続せしめてきた核、将来の価値創造の源泉となる知的資本を「コアコンピタンス」という。

たとえば、技術開発力をコアコンピタンスとして成長したソフトウェア会社を考えてみよう。

この会社は、開発が好きな人材を集め（人的資本）、開発者が最も知恵を出せる制度や組織環境を作り、その結果として長期に渡り企業文化（組織資本）やステークホルダーからの期待を作り上げてきた（関係資本）はずだ。ビジョン実現に向けては、こうした知的資本を重視した価値創造ストーリーを描くのが王道だろう。

それに対して、価値創造ストーリーと関係のない知的資本、たとえばブランドを核とした価値創造ストーリーを描いてしまうと、価値を創造するためには、人材や会社の仕組み自体を全く入れ替える必要が生じる。さらに、技術に誇りを持つ社員のモチベーションを維持することも難しくなるだろう。

では、多様な業態の店舗展開で成長した外食産業の会社を考えてみよう。

この会社の現在の業績を支える知的資本の強みとは、表面的には店舗運営を支える人材（人的資本）や食材調達する取引先（関係資本）に見えるかもしれない。しかし、この会社の強みを多様な業態展開だと考えると、それを可能にしてきたコアコンピタンスとは、新しい業態を開発する企画力や、どんな店でも対応できる接客人材を育てる教育システムといった組織資本かもしれない。

そして、産業用機器で成功したメーカーが、新たに戦略を考える場合を考えてみよう。

この会社のコアコンピタンスをリッチな顧客基盤（関係資本）と考えるならば、機器販売からメンテナンスやサービス事業に展開することを、新たな戦略（価値創造ストーリー）として考えられる。しかし、コアコンピタンスを機器の開発能力と考えるならば、民生用など別用途の機器事業を探す戦略が妥当かもしれない。またコアコンピタンスを幅広い顧客層へのブランド認知（関係資本）と考えたら、より低価格帯の市場に進出する選択肢もあるかもしれない。

このように、新たな戦略を考えるには、自らのコアコンピタンスを正しく認識することが必要だ。自社のコアコンピタンスを正しく認識したうえで、次のステップでのビジョンや価値創造ストーリーの検討に移ろう。

［参考］コアコンピタンスを「ＶＲＩＯ」を通じて探る

コアコンピタンスを探るためには「ＶＲＩＯ」という考え方が参考になる。

ＶＲＩＯとは、１２２頁で紹介したバーニー教授が提唱した概念で、（経済的な）価値があること(Value)、希少であること(Rarity)、模範が困難であること(Inimitability)、組織内で活かせること(Organization)という、４つの要件の頭文字だ。

なお、〝価値があること〟は、外部環境における機会と脅威への適応を可能にするための要件であるが、知的資本経営の文脈からすれば、そこには経済的な価値だけではなく〝社会的な価値があること〟も当然、含まれる。

価値があるからこそ、その知的資本を持つ意味がある。そしてそれが競合の持たない〝希少〟なものであれば、競争優位となることが期待できる。さらにそれが〝模倣困難〟ならば、優位性を長期に保つことができる。そうした知的資本の優位性を〝組織で活用〟できれば、その知的資本は会社の競争力の源泉となる「核となる知的資本」のはずだ。

このように、核となる知的資本とは、このＶＲＩＯの要件を満たしている知的資本だといえる。

知的資本の可視化の活用例

ここではケーススタディとして、Ｂ２Ｂの産業機器メーカーの老舗であるＡ社での知的資本可視化の実施事例を紹介しよう。Ａ社は、ある産業機器では世界シェア上位にいるが、近年は中国などのメーカーも力をつけており、競争が次第に激しくなってきている。A社経営はメーカーからソリューションへ舵を切ることを目指していた。そのために将来にも生かせる知的資本はなにかを探り、活かすために知的資本経営に取り組んだ。

A社は、STEP1の知的資本の可視化を約2カ月で実施し、続けてSTEP2の戦略策定とSTEP3の戦略実践に半年かけて取り組み、年間活動の成果を統合報告書に反映した。

知的資本可視化について、A社は社内外の資料を分析するとともに、IC Rating を実施し社内約20名と外部20名へのヒアリングを実施した。そして、その結果得られた膨大な情報から、次のように自社の知的資本を可視化した。

まずは、経営者の思い・課題観の棚卸し、現在から将来のA社を取り巻く重要なステークホルダーを氏名まで特定しつつ〝マップ化〟し、各々に対話的なインデプスインタビューを実施した。そして、その結果得られた膨大な情報から、自社の知的資本を可視化しコアコンピタンスを探り出した。

その結果、コアコンピタンスの認識について、社外と社内には大きな差があった。

自社（経営者と社員）の多くは、自社のコアコンピタンスを〝パワフルで精度良い××機構〟

（組織資本：知的財産）と考えていた。しかし、他のメーカーの性能向上に伴い、そこでの差別化は難しくなってきていた。

競合より高価であるにも関わらず、Ａ社を選んできた顧客は、製品を選んでいるわけではなかった。製品ではなく、自分たちの課題を解決するパートナーとして（関係資産：顧客関係）、Ａ社を選んでいたのだ。

結論だけを見ると、こうした示唆は他の手法でも簡単に得ることができそうだが、そうではない。会社の仕事は専門化が進んでいるので、たとえば、ある技術領域の担当者は担当分野には詳しいが、それ以外の技術はよく知らない。同じことが、設計者にも、製造原価の管理担当者にも、海外営業の担当者にも、資材調達の担当者にも言えるのだ。また外部関係者の意見も、日本の顧客と海外のサプライヤーと、さらに親会社と、それぞれ全く異なる。また外部のコンサルタントの調査結果は、自社の得意分野に沿った内容になりがちだ。第一、経営者にとっても、今までの「成功体験という罠」から抜け出し新しい視点で自分たちを見ることは、簡単ではない。

ステークホルダーのインタビューをまとめれば、正解が見出せるわけではない。インタビュー結果全体を俯瞰し、洞察を深め、経営者との弁証法的対話を繰り返してこそ、自分たちが納得できる知的資本を見出せるのだ。

多様かつ膨大な情報を整理し本質を探るために、戦略系のコンサルティング会社は、課題解決のアプローチを取ることが多い。しかし、その手法を使いこなすには相当の熟練が必要であり、また切り口を間違えると、なかなか本質にたどり着かない。

それに対して、知的資本のフレームワークは使いやすく、またわかりやすいので、異なる部門の人でも最初から容易にコミュニケーションができる。そして、複数の視点を交わしたコミュニケーションの中から、次第に自社の知的資本の本質が浮かびあがってくるのだ。

STEP2：DESIGN　パーパス〜価値ストーリーの設計＝

社会の中での会社の存在意義を、ジブンゴトとして捉える

知的資本経営の上からの「柱」となるパーパスとは、社会の中における会社の存在意義だ。パーパスとは「社会課題の解決」だといってよい。この社会を、自分のいる業界や今いる顧客の関係という視点で捉えることもできる。より大きな視点で考えて、社会を究極的には人類と地球として捉えた場合、パーパスとは〝人類と地球の共通課題の解決〟となるだろう。

このパーパスは、ある意味で「キレイゴト」に見えるかもしれない。しかし、キレイゴトがキレイゴトで終わってしまったら、組織は動かない。キレイゴトが社員一人ひとりの思いと重なり合い、「ジブンゴト」として捉えられて、はじめて組織は動き出す。機能するパーパスには、この「キレイゴト」と「ジブンゴト」、両方の側面が必要なのだ。

ＳＸ・ＤＸ・ＧＸを捉える

１０８頁で触れたように、現在の会社がパーパスを設定するうえで、ＤＸ（DigitalTransformation）・ＳＸ（Sustainability Transformation）・ＧＸ（GreenTransformation）を考慮することは必須だといえる。

ＤＸとは、デジタルによる産業や社会の変革だ。たとえば、情報通信産業や小売業といった業界は、この20年間のＤＸを通じ、主役がほとんど入れ替わった。次は自動車産業や製造業にも大きな変化が訪れるはずだ。また、ＣｈａｔＧＰＴなどに代表される人工知能は、仕事の仕方を大きく変えるはずだ。

そして社会課題の解決には、進化するデジタルを最大限に活用したい。

今では世界中にほぼ行き渡ったスマートフォン上で、さまざまな新しいサービスが動いている。その中には、今までは貧困層には利用できなかった金融や教育や医療や交通といったサービスもある。デジタルの性能は毎年50％近く向上する。さらに進化を続けるデジタルを最大限に活用して、今まで解決できなかった社会課題の解決を志したい。

またＳＸとは、従来のような資源収奪的な成長ではなく、地球環境や地域社会といった社会の持続可能性を前提とした成長への転換を目指すものだ。このＳＸとはある意味でパーパスそのものだといえる。

図表４-３に示す、国連が提唱している持続的成長目標（ＳＤＧｓ）の図は、どこかで見たことがあるだろう。今、世界中で多くの会社がこのＳＤＧｓに共感して、世界の課題解決に取り組んでいる。

ビジネスとはシンプルにいうと、課題を解決することで対価を得る活動だ。社会課題があるところにビジネスが生まれる。ＳＸとは、キレイゴトであると同時に、新たなビジネス領域を示す地図でもあるのだ。

そして気候変動など地球環境問題が差し迫る中、ビジネスはカーボンニュートラルに転換することが求められる。そして、自然エネルギーの将来の低価格化と普及を見据えると、持続的経済成長とカーボンニュートラルは両立可能となる。新たなパーパスはこのＧＸを大前提として考える必要があるだろう。

パーパスを「ジブンゴト」として捉える

パーパスとは「キレイゴト」である。個人の思いは、キレイゴトばかりではない。ギラギラした欲望や、鬱屈した劣等感、楽をした

図表4-3　SDGｓ　17の目標

いという怠け心、自分だけ得をしたいという利己心、といったネガティブな感情があるのが自然だ。

しかし、対話を重ね、この「ジブンゴト」を探っていくと、実はその根本にはキレイゴトと重なり合う部分があるとわかることが多い。

パーパスとは、社員一人ひとりの思いや欲望や個性の集合体だといってよい。パーパスの設定とは、このキレイゴトとジブンゴトの重なりを発見し、共鳴させて言語化していく作業にほかならない。

パーパスを定めるためには、次の2つのステップを通じて、まずは個人個人の思いをあらためて「言語化」し、その思いを会社の全体のパーパスとし、「共鳴・共有」させていく。

(1) 〝個人の思い〟の表出と言語化

同じ会社に属していても、ジブンゴトである社員の〝個人の思い〟が同じであるわけではない。社会的な使命感に駆られて働く人もいれば、とりあえず給料が出て家族と幸せに暮らせれば満足という人もいる。

しかし、彼らに過去の希望や忘れていた夢、仕事で嬉しかったことなどを、そのときの感情とともに振り返ってもらい、言語化、つまり言葉として語っていくと、多様な思いの中に通底するものを発見できるはずだ。この社内に〝通底する個人の思い〟が、パーパスを考えるうえでの出発点となる。

(2) パーパスの共有とジブンゴト化

次の作業では、言語化した「ジブンゴト」社会における自社の存在意義を考えてみる。タニンゴトであるパーパスとジブンゴトである〝個人の思い〟を「共鳴」させていく。

これには、役員から創業時のエピソードや過去の経験を語ってもらったり、顧客から会社に対する期待をヒアリングするなどのインプットも有効だ。また、ＤＸ／ＳＸ／ＧＸという社会変化の中で、未来に向けて自社が追求すべきことを探すのもよいだろう。ＳＴＥＰ１で可視化した、自社の知的資本を振り返り、顧客の期待を確かめることも、より納得感のあるパーパスを考えるために役に立つ。

そのうえで、個人の思いをあらためて共有し、またその思いについて対話と内省を繰り返していくと、次第にパーパスが明確な形となって現れてくる。また個人の思いもさらに研ぎ澄まされ、パーパスをジブンゴトとして捉えることができるようになっていくはずだ。

以後、ここで共有したパーパスに沿って、価値創造ストーリーを設計していく。パーパスを言語化して満足している会社も少なくない。しかし、それでは絵に描いた餅に終わってしまう。パーパスに向かうためには、その道筋としての価値創造ストーリーを描き出すことが必要だ。

「価値創造ストーリー」の設計

知的資本がどのように連鎖し、ビジョンの実現につながるかを、一連の因果関係の流れとして語るものが「価値創造ストーリー」だ。価値創造ストーリーの検討を通じて、パーパスに向かうための具体的な目標地点としてのビジョンと、ビジョン実現のために、必要となる知的資本が明らかになり、その知的資本の強化に向けた必要な施策がイメージできてくる。次で、価値創造ストーリーを設計するステップを見ていこう。

(1) ビジョンという「具体的な目標地点」を設定する

ビジョンとは、パーパスに沿って設定する具体的な目標地点だ。

ビジョンは、ボンヤリとした白昼夢や実現できない夢想であってはいけない。現実から出発しつつ、チャレンジして実現する〝リアルで具体的な夢〟なのだ。

その一方で、ビジョンは〝今の現実〟に縛られてはいけない。自社のイノベーションを前提とし、現状の延長線上にない〝ストレッチ目標〟として、「未来の現実」であるビジョンを設定するのだ。

ビジョンとは、まずは目指すビジョンの「世界観」、つまり、どんな会社を目指し、どんな社会を実現するかを語るのだ。ビジョンの「実現時期」、またビジョン実現時の自社のビジネスと「知的資本の在り様」（アウトプット＆アウトカム）、そしてビジョン実現時に「関係者や社会にもたらす価値」（アウトカム）とのつながり、を含むものになる。

(2) 外部環境と自社の知的資本、そして〝自らの思い〟からビジョンを決める

ビジョンの出発点となるのは経営陣の意思だ。それを起点に、社員と対話しながら、ときには外部の有識者やコンサルタントの知恵を借りつつ、検討を深めていく。

ビジョンは、未来を踏まえてストレッチしつつ、かつ合理的でなければならない。

未来の環境変化を踏まえないビジョンでは意味がない。その一方でビジョンの実現には、相応の知的資本が必要だ。いくら大胆な数値目標やテーマを掲げても、知的資本が追いつ

かなければ、達成できない。STEP1で可視化した自らの知的資本を見極め、SWOT分析や事業ポートフォリオ分析などの古典的な戦略検討フレームワークも活用しながら、ビジョンを合理的に設定していく。

しかし、ビジョンは〝合理的に考えればよい〟というものではない。ビジョンとは、〝なんとしてでも達成したい〟という目標だ。実現したいという〝自らの思い〟が大切なのだ。冷静な合理性と、熱い思い。ビジョンには、この両方が必要なのだ。

(3) ビジョン実現の成功要因と施策を設定する

ビジョンを設定したら、次はビジョン実現に必要となる知的資本を考えてみよう。たとえば、ビジョンの実現には、どれほどの顧客を獲得する必要があるのか、新たに必要となる業務プロセスはないか、人材の人数とスキルは十分か、というように知的資本を具体化していくわけだ。必要な知的資本と現在の知的資本に大きなギャップが存在している場合、いくらビジョンを掲げて社員を鼓舞しようとも、その実現は不可能だ。

価値創造ストーリーを描くことにより、現在の実力を振り返り、ビジョンをより実現可能性が高いものとして見直すことができる。

また、価値創造ストーリーを検討すると、売上などの財務的な業績を達成するためは、長期視点での知的資本の強化(たとえば、業務のＤＸ、研究開発、人材育成)が必要だと、あらためてわかることが多い。こうした議論をしないと、これら長期的な施策は、ともすると後回しになりがちだ。

価値創造ストーリーを描く議論の中で、今、優先的に取り組むべきことは、目先の売上の確保か、それとも長期視点での優位性の強化か、といった議論をすることができる。

強化すべき知的資本の一方で、不必要となる知的資本もある

価値創造ストーリーの検討を通じて、価値創造のうえで障害となっている知的資本や、知的資本を無駄に浪費している事業も明らかになっていく。

価値創造ストーリーの中で障害(ボトルネック)となっている知的資本は、強化する必要がある。たとえば、製品の信頼性や品質が高く評価されているにも関わらず、営業力が弱くて十分な売上が得られないような場合、製品開発に集中するあまり疎かになっていた営業力を強化する必要があるだろう。

価値創造ストーリーと関係が薄い知的資本については、「捨てる」という選択肢も考え

るべきだ。今まで会社の競争優位を支えてきたコアコンピタンスも、永遠に有効であり続けることはない。コアコンピタンスの強化では対抗できないような事業環境の変化が訪れる場合には、今までの強みを捨て、新たな強みを作る必要があるかもしれない。

たとえば、性能競争が終わりコスト競争の段階に移っているような場合だ。今までのコアコンピタンスが新機能開発にあったとしても、新たなコアコンピタンスとして生産の効率化やコスト削減能力も強化する必要があるかもしれない。

また、不要となった知的資本は、いたずらに社内の同じ部門において腐らせるよりも、「捨てる」、つまり社内の別の部門、または社外での活用場面を考えるほうが、社会全体の知的資本の増大にも貢献するはずだ。

たとえば、いままで生産設備を持っていた会社が、設計力というコアコンピタンスを活かしてファブレスに転換するような場合だ。その場合、生産設備（財務資本）以外にも、生産技術（知的資産）や製造部門の社員（人的資本）という知的資本を捨てることとなる。

捨てるというのは辛い決断だ。しかし、活かしきれない知的資本を自社で抱え続け、かといって投資もままならないようでは、すべての人にとって不幸でしかない。パーパスに照らし合わせて、どちらが自社そして社会にとってより大きな価値を提供できるかという視点で考えるしかない。捨てるという決断の結果、今ある技術や社員が譲渡先ではコアコンピタンスとなり、今まで以上に輝くということも多いのだ。

［参考］価値創造ストーリーを考えるツール

価値創造ストーリーを考えるとき、「バリューチェーン」を使うことも多い。バリューチェーン、つまり事業企画・研究開発・調達・製造・物流・営業・販売・アフターサポートといった会社の一連の活動の上に、自社の知的資本をプロットして考えるのだ。

また「ビジネスモデル・キャンバス」というツールも使うことができる。これは事業に必要となる要素を一覧で整理するフレームワークだが、事業に必要となる知的資本を示すものとして読み替えることができる。このツールを使うと、ビジョン実現に必要となる知的資本がクリアに見えてくる。

またＩＣＭＧでは、価値創造ストーリーの設計と実践に「ナビゲーター」というツールを活用する。

ナビゲーターは、人的資本を起点に価値創造を定義し、パーパスとビジョンと知的資本を、価値創造ストーリーの中で有機的につなげるツールだ。これは（第５章で触れるが）世界で初めての知的資本経営でも活用されたツールであり、ICMGはこのツールを、実践を通じて進化させてきた。STEP2とSTEP3の価値創造ストーリーの設計と実践において、活用いただきたい。

STEP3：DELIVER——価値創造の実践

リーダーとして組織を動かす

リーダー育成の4ステップ

119頁で述べたように、知的資本経営を成功に導くリーダーシップの本質とは、個人の「思い」から生まれる「智と軸」にある。リーダーは、この「智と軸」を実

図表4-5 「ナビゲーター」のコンセプト

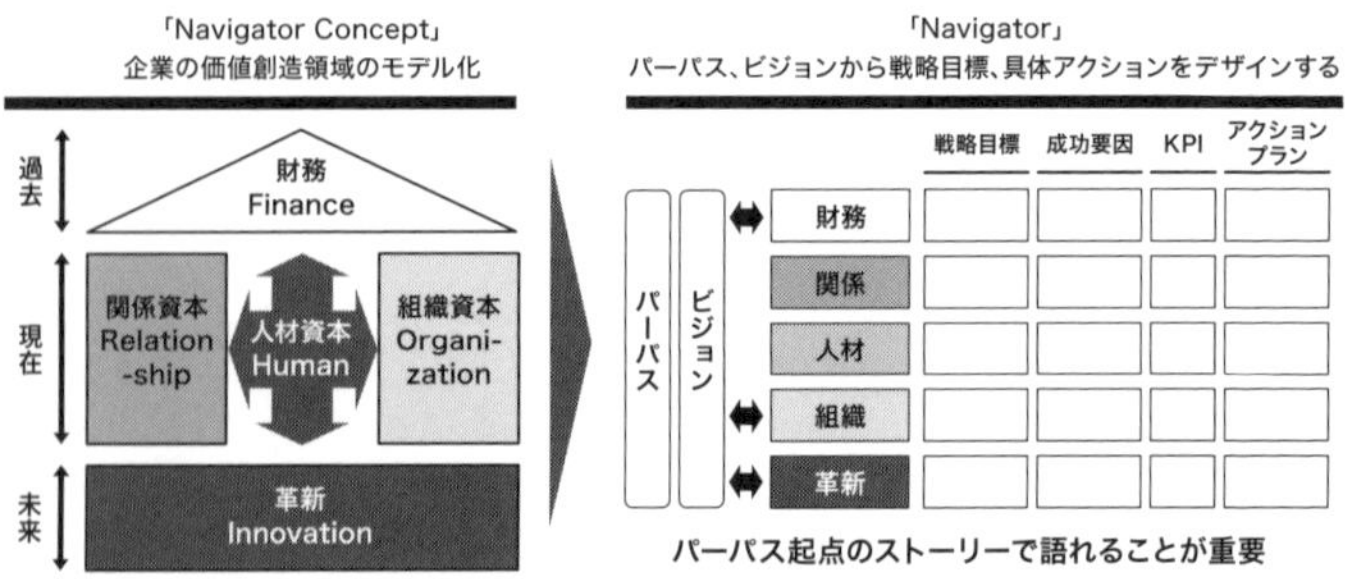

践を通じて磨き、成果を創り出し、さらに成長していくのだ。また、この「知と軸」を生む原動力となるのが、個人の「意思の力（ウィルパワー）」だ。

リーダーは、〝教育すれば育てられる〟というものではない。リーダーは〝育てる〟ものではなくみずから〝覚醒し、育つ〟ものだからだ。よくリーダーとして〝一皮剥けた〟といわれるが、そうではなく〝自らが皮を剥く〟のだ。この視点を欠いた従来型の教育スタイルの人材開発プログラムからは、真のリーダーは生まれない。自らをリードできない人が他人、ましてや会社や社会をリードすることはできない。自分自身をリードする強い「意志の力（ウィルパワー）」を持ってこそ、初めて人は動く。人や組織を動かすためには、自らの「思いと軸」を言語化し、他社に伝えることが必要だ。そして、この「思いと軸」は誰かに教えられるものではなく、自らが気づくものだ。まさにリーダーは〝自ら育つ〟ものなのだ。

ＩＣＭＧとグループ会社であるＩＷＮＣは、リーダーが誕生するまでの過程を図表４-６に示す「リーダーシップ・ジャーニー」として捉えている。そして、リーダーシップ・ジャーニーの４つのフェーズごとに、一人ひとりが自らのリーダーシップに気づき高めていくためのプログラムを提供している。

フェーズ1：気づき（Awareness）

最初のフェーズが「気づき」だ。

まずは、自分自身の「智と軸」に自ら気づくことが、リーダーとしての旅の出発点となる。自分自身の価値観に気づくために、自分の人生を振り返ってみよう。これまでの人生で、してきた判断や意思決定の裏には、自分自身の価値観がある。また、違和感がある時も、自分とは異なる価値観に触れたという感情があるはずだ。

強烈な印象を伴った体験が、気づきを加速することがある。このためＩＷＮＣでは、モンゴルなどの極限の地にリーダー候補を連れて行き、そこで徹底的に自分自身を振り返ってもらう、というプログラムも提供している。

また、「知（知識）」に対する気づきも必要だ。

図表4-6　リーダーシップ・ジャーニー

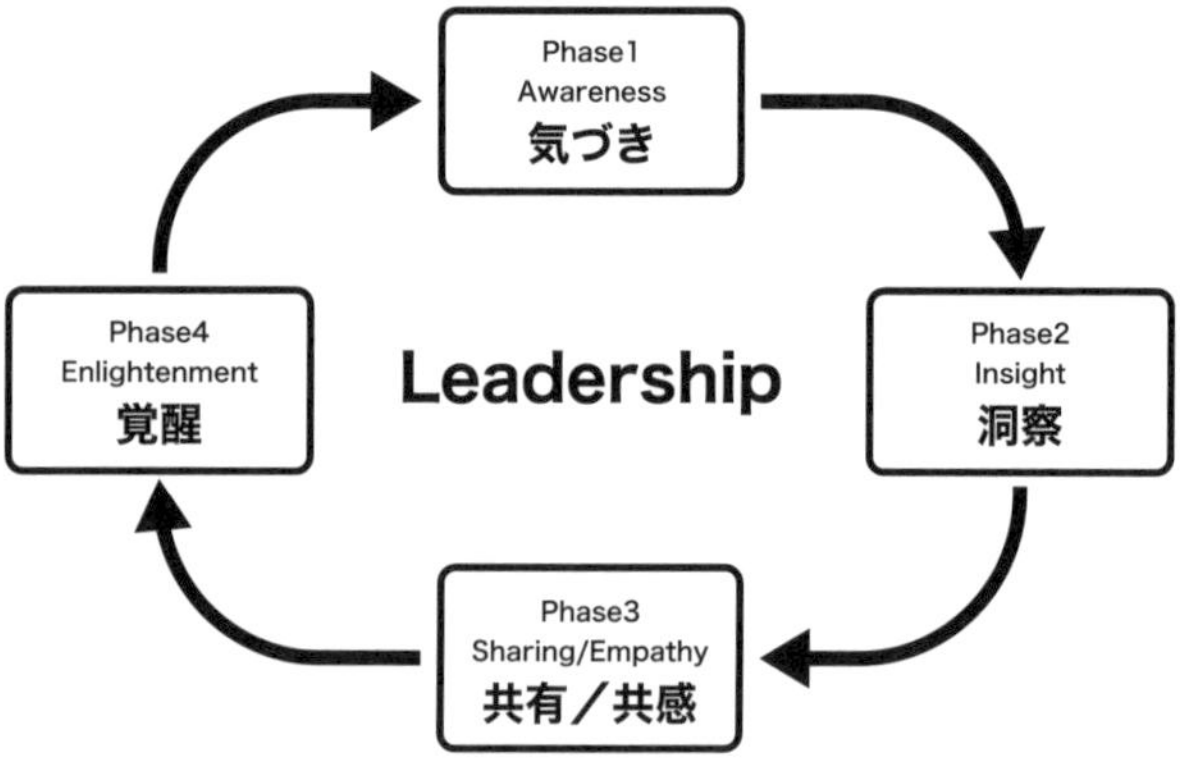

「知」に欠けた人物には、人はついていかない。担当業務の知識を離れ、経営学や組織論といった経営リテラシー、技術や社会の未来の変化の認識、また哲学などからインプットを得るのだ。「知」のインプットには、入社後も継続的に知識を獲得し続ける〝リ・カレント学習〟や〝リ・スキリング〟といった継続学習が求められるが、残念なことに日本では、この継続学習の履修率が世界最低水準にある。リーダー育成には、まずここから見直す必要がある。

フェーズ2：洞察（Insight）

次のフェーズは「洞察」だ。リーダーは、現実に向き合い、自らの思いをかなえるためには、何が欠けているのか、それはどう手に入れることができるか、そのために自分が何をすべきかをジブンゴトとして考えはじめ、行動をはじめる。

こうした洞察がなければ〝他責〟、つまり自分の仕事は他人が決めるものと考える指示待ちの人に、もしくはリーダー教育を待ち続ける〝自分がリーダーではないのは会社が悪い〟と非難するだけの人になってしまう。

フェーズ3：共有・共感（Sharing/Empathy）

続くフェーズは「共有・共感」だ。自分なりの気づきと洞察が、参加者と「共有」されてこそ、参加者の「共感」を生み、それがさらに大きな行動を生み出していく。参加者とのリーダーの得た気づきや洞察に対する熱い対話を通じて、参加者も自分自身が何をすべきかを考えていく。

フェーズ4：覚醒（Enlightment）

自ら気づくことでこそ、人は変わる。リーダーは自らの気づきを洞察し、行動に変える。そして現実の課題の中でメンバーと対話し、自らの思いと軸を共有・共感し、行動を繰り返すことで自らのリーダーシップを確立する。

こうして確立したリーダーシップは、周囲の雑音によってブレることはない。まさに、個人が揺るぎないリーダーとして「覚醒」するのである。確立したリーダーシップは、他の人の真似ではない、「オーセンティック・リーダーシップ」（自分らしいリーダーシップ）といわれる。オーセンティック・リーダーは、他者の基準や考えに合わせるのではなく、納得できる自分らしさを発見し最大限に発揮するのだ。

ＩＣＭＧグループのリーダー育成プログラムは、まさにそうしたオーセンティック・リーダーを生み出すためのものだ。

「価値創造ストーリー」で組織を動かす

(1) 全社と部門の価値創造ストーリーをすり合せる

知的資本経営では、社内の要所要所にいるリーダーが、お互い協力しながら会社を動かしていく。そして、それぞれの部門を動かす指針となるものが、ビジョン価値創造ストーリーだ。

知的資本経営を全社で展開するには、ＳＴＥＰ２で描いた全社レベルの価値創造ストーリーを、部門ごとに展開し、すり合わせていく。部門の責任者が、経営陣や上位の組織、そして部門の社員と対話しながら、部門のビジョンと価値創造ストーリーを描いていくのだ。

部門の社員が価値創造ストーリーをお互い共有すれば、全社で目指すパーパスに沿って、自分の部門が実現すべきビジョンと実践する価値創造ストーリーが具体的に見えてくる。

このように、部門ごとにビジョン価値創造ストーリーを描き、共有することで、メンバー全員が自分がとるべき行動のイメージを持つことができるのだ。

(2) 価値創造のプロセスを進化させつつ、実績を残していく

古典的経営モデルでは、組織は精緻な計画に基づき、数値で管理し動かすべきと考える。しかし、どんなに完璧に見えた計画も、経営環境の変化につれて次第に現実と合わなくなってくる。それを当初に決めた計画と数値で管理しようとすると、計画はどんどん現実から遊離していく。

知的資本経営の考え方は相当違う。組織は、上意下達ではなく、自律的に動くべきだと考えるのだ。そもそも価値創造ストーリーの骨格は設計できたとしても、細かなシナリオは仮説でしか作れない。どんなに緻密に詰めたところで、現実と合わないところは必ず出てくる。やってみなければわからないことも多い。ビジョンを目指して実行シナリオを仮説として作り、またその仮説を柔軟に見直し、知恵を出し合ってより良いものに進化させる、という「仮説検証サイクル」を回すのだ。

そもそも、知的資本経営の実践を進めると、自社の知的資本が進化するので、価値創造ストーリーも次第に変化する。また実践を進めるうちに外部環境が変わることもよくある。

そうなると、当初の価値創造ストーリーを見直し、進化させる必要がある。このように、知的資本経営の現場では、ＳＴＥＰ２とＳＴＥＰ３の間で行き来を繰り返す場合も多いのだ。

(3) 知的資本指標（ＫＰＩ）の設定

知的資本経営の仮説検証サイクルを回すには、現状を定期的に把握し、必要に応じて実行シナリオを見直す必要がある。この現状把握のためには、適切な「知的資本指標」をＫＰＩ(Key Performance Indicator)として適切に設定することもある。

こうしたＫＰＩは、価値創造ストーリーに記述され、その改善がビジョン実現につながっていることが必要だ。

価値創造ストーリーに関係がない指標を、〝なんとなく改善したほうが良いから〟とか〝データが取れるから〟といった理由で採取することに意味はない。ましてや〝標準的な開示項目となっているから〟とか〝他社でも採取しているから〟という理由で採取させてはいけない。

価値創造ストーリーが会社ごとに異なる以上、採取すべきＫＰＩも会社毎に当然異なるオリジナルなものであり、それも時期によって必要な項目や重みづけが違ってくるのが自然なのだ。

一般的にはKPIとして、たとえば営業やマーケティング部門ならば〝顧客問合せ数、見込客数、商談数、受注率、販売単価〟といった指標が、また商品開発ならば〝新規開発案件数、開発進捗率、顧客ヒアリング数、原価率〟といった指標が使われることが多い。

しかし知的資本のKPIは、もっとクリエイティブに考えることもできる。

たとえば、外食やホテルなど接客業の本当の力は、客数・単価・コストといった指標も大事だが、むしろ〝スタッフがお客様から何回笑顔でありがとうと言われたか〟とか〝何%のお客様にもう一度来たいと思ってもらえたか〟といったような、きわめて人間臭い日々の活動に根ざした指標が役立つことが多い。

一方で、このような人間的な尺度に数値的な厳密性を求めると、実態に合わない報告しか集まらないことも多い。実務でどの程度使えるか、具体的なシーンを考えつつ、いろいろなアイデアを出していこう。

こうした知的資本経営の仮説検証マネジメントを進めるために、153頁で触れた「ナビゲーター」というツールを活用することができる。

尊厳ある個人が、自らの行動を自律的に考える

知的資本経営では、価値創造の実践にあたっては、社員個人の意思を最大限に尊重すべきと考える。

一方的な命令、または形式的な対話で、パーパス、ビジョンを押しつけ価値創造ストーリーの実践を強いても、社員は納得も共感もしない。そんなものは実現できない。

仕事を進めるうえで、社員が自らの自由を感じるからこそ、自らの行動を自律的に考えようとするのだ。

相手を尊重しオープンな対話を進めるためには、経営者や部門のリーダー自身も、社員や部下を信じ見守り育てる「オーセンティック・リーダー」として、自らを変えていく必要がある。

知的資本経営のスタイルで会社を動かしていくのは、単に上から目標値を割り当て部門に押しつけるよりも、ずっと手間がかかる。しかし、こうした努力は、長期的には必ず報われるはずだ。

知的資本経営の成否は、経営陣のコミットメントにかかっている

知的資本経営の実践は、すぐに財務的な成果がでるわけでもない、息の長い取り組みとなる。

この取り組みを成功させるためには、経営陣が深くコミットし、腰を据えて取り組む必要がある。知的資本経営の成功も失敗も、どれだけ経営陣がコミットするかにかかっている。知的資本経営を導入するにあたり、最も変わらなければならないのが、実は経営者自身ということは多い。なぜならば、多くの経営者の頭には、古典的経営モデルがしっかりと植えつけられているからだ。

知的資本経営の導入にあたっては、新しい経営モデルの基本思想について、まずは自分自身が深く理解し、自らが役員や経営企画のスタッフにも伝えていく必要がある。それによって、〝従業員にコミットさせる〟ではなくリーダー自らが〝約束する（エンゲージする）〟のだ。

株主からの〝短期的に財務業績をあげろ〟という近視眼的な声に屈することなく、長期的な知的資本の改善を目指す。業績が悪くなっても安易なコスト削減に走らず、コアコンピタンスとなる知的資本や人的資本の開発には腰を据えて投資を続ける。価値創造ストー

リーを進化させ続ける。価値創造ストーリーと関係ないことを思いつきで指示しない。経営者自身がこのようなルールで自らを律することで、社員も知的資本経営の実践に迷いなく取り組むことができる。

知的資本経営に本腰を入れて取り組むには、自社の文化から変える必要があるかもしれない。相当大きな覚悟が必要であり、それなりに大きなエネルギーが継続的に必要だ。また組織の中に知的資本経営が定着するには、年単位の努力が必要となる。

しかしその決断と努力は、確実に報われる。経営者には、多少の困難があろうと腰を据えて、知的資本経営を継続的に実行し、ビジョン達成とパーパス（社会的存在意義）に向けて進んで欲しい。

STEP4：DISCLOSE　知的資本経営の成果を伝える＝

自社のパーパスとビジョン、そして知的資本経営の実践を社会に伝える

古典的な経営モデルのもとでは、会社が責任をもつべき対象は、株主という会社の所有者に限られていた。なので会社は、株主や投資家に財務情報を開示するＩＲ（Investor's Relation）活動をしていればよかった。

しかし知的資本経営では、会社を社会の一員として、広く社会に責任を負った存在と捉える。会社は広く社会に対して、自社が何者であり（パーパス）、何を強みとして（知的資本とコアコンピタンス）、何をしているのか（価値創造ストーリー）、そして社会にどんな価値を生み出しているのか（アウトカム）を伝えるべきだと考える。

また、会社がコミュニケーションすべき相手は、株主と投資家ばかりではない。まずは社員という内部関係者に、そして顧客や取引先に、さらに地域社会や一般市民までを含む

ものだ。そして、彼らにどんな価値を提供しているかを伝えるべきだと考える。

そのように自社の活動を伝える努力をしてこそ、会社は社会の一員であることが認められるはずなのだ。

知的資本経営を社会に伝える「統合報告書」

自社の活動を社会に伝えるために使うツールが「統合報告書」だ。

統合報告書で伝えるべきものは、自社の知的資本とそれを活用する価値創造ストーリー、そして活動の結果、社会に対して創り出すアウトカムだ。

今では数多くの会社が統合報告書を発行しているが、自社の知的資本や価値創造ストーリーを明確に語れている報告書は多くない。せっかく統合報告書を作るのならば、こうした内容をぜひ社会に対して伝えてほしい。

ちなみに統合報告「書」とはいうが、伝えるメディアは堅苦しい書類ばかりではない。ウェブや映像など、リッチなメディアもフルに使ってほしい。

内容も、経営者からの直接の語りかけや、参加したメンバーが自ら考え成長した過程などを、生き生きと伝えたい。こうした内容について、社員の一人ひとりが臨場感を持って共感してこそ、全社の知的資本経営が動き出す。またその物語を共有することで、外部の関係者にも共感を広げ、それが会社の持続的成長につながっていく。

統合報告書で伝えるべきは、知的資本と価値創造ストーリー

統合報告書を作るためには、IIRCの定めるフレームワークを参考にしつつ、自社のパーパスとビジョンを明確に打ち出し、知的資本と価値創造ストーリーを説明していく。本書では詳細な作り方は説明しないが、統合報告書を作るときに押さえるべきポイントがいくつかある。

まずは、明確かつ具体的なパーパスとビジョンを示すことだ。

たとえば、〝社会課題を解決し豊かな社会をつくる〟といったような内容では、あまりに漠然としている。明確で具体的なパーパスとビジョンを示すことで、社会に対して自分自身の存在意義を示すことができる。

次に、自社の知的資本を開示することだ。

自社の知的資本やコアコンピタンスを可視化して示さないまま価値創造ストーリーを説明したところで、目指すビジョンが実現可能かどうかわからない。ともすると絵空事にし

か聞こえないことになる。

　最悪なのが、知的資本指標と称して、たとえば資格の所有者数を並べただけで済ませてしまうことだ。たしかにＩＳＯが定める人的資本開示などでは、さまざまな指標が例示されている。しかし、その指標をいくら調べて並べたところで、それが会社にとってどのような意味があり、価値創造にどう貢献しているのかがなければ意味がない。

　統合報告書の中では、まずは自社の知的資本をできる限り可視化して、核となる知的資本を示してほしい。そのうえで、価値創造ストーリーを、ビジョン実現とのつながりを明確にして語ってほしい。

　社内の各々の部門の活動が、会社全体の価値創造やビジョンの実現や知的資本の進化にどう貢献しているかが理解されると、会社という組織全体がビジョン実現に向けて大きく動きはじめる。

　また、たとえば新規事業や研究開発などは、事業開始から数年間は赤字が続くことが多い。しかし、そうした活動が会社全体のビジョン実現にどう貢献し、また活動を通じた知的資本の蓄積を示すことで、社内の理解も深まり、また社外の共感や期待を高め、新たなパートナーとの協力や共創の機会も増えるはずだ。

このように、統合報告書により知的資本経営の内容を伝えることにより、社内の組織と社外の関係者を動かし、会社はビジョンの実現可能性を高め、パーパスの方向に向かって進むことを期待できる。

ステークホルダーとのコミュニケーション

会社がコミュニケーションすべき外部の関係者（ステークホルダー）には、投資家・金融機関・取引先・販売チャネル・顧客・従業員・事業パートナー・地域社会・規制当局また政策立案者など多岐にわたる。彼らとどのようにコミュニケーションすべきか、その内容を順次見ていこう。

(1) 投資家や金融機関に対するコミュニケーション

統合報告書がアピールすべき投資家は、株価の短期の上下に左右されずに、長期的に応援してくれる投資家だ。

そうした投資家に対して、会社がどんなパーパスを持ち、どんなビジョンを設定し、その実現に向けてどのように動いていくかを語っていこう。

統合報告書が活用できるのは上場企業ばかりではない。未上場・非公開企業なら、新しい投資家や金融機関にアピールすることができる。とくに情報開示の機会が少ない中小企業やスタートアップにとっては、会社の潜在力や成長性を外に示すよいツールとして活用できる。

(2) 取引先や顧客に対するコミュニケーション

統合報告書により、既存の取引先や顧客にはあらためて自社の強みを伝え、関係を強化することが期待できる。新しい取引先や顧客の開拓にも有効だ。また販売チャネルに対しては、自社の製品やサービスを顧客にどう伝えてもらいたいか説明するツールとなる。

(3) 社内に対するコミュニケーション

統合報告書が一番アピールしたのは、実は自社の社員だったということは多い。知的資本経営の取り組みに参加しなかった社員も、統合報告書を読んであらためて自社のパーパスやビジョンに共感するのだ。

そのうえで、自分の仕事が会社の価値創造にどう関係するのか、どこに貢献するかを理解することができる。

実際に社員参加型で統合報告書をつくった会社では、社員の多くがその報告書をまず家庭に持ち帰るそうだ。そして〝家族や友人に、自分の仕事が社会に貢献することを、誇りを持って説明できた〟との明るい声が多数届くそうだ。

(4) 経営者の思いを再確認し伝える

統合報告書を作る過程で一番気づきが多いのが、実は経営者自身だ。

統合報告書を作るためには、〝自分自身の思い、自社のパーパスとはなにか?〟をあらためて問い直し、また目指すビジョンをクリアに描き、自分自身のオリジナルな価値創造ストーリーを明確化する作業が必要だ。こうした本質的な問いは、日々の業務に追われる中では、意外となおざりにされがちだ。

統合報告書を作る作業の中で、内省を深め、関係者との対話を重ね、こうした本質的な問いと向き合い、経営者自身があらためて自分自身の思いを明確にすることができる。そして、会社のパーパスと強みを、戦略を明確に、自信を持って伝えることができるようになる。

統合報告書を作るには、それ相応の労力が必要だ。そしてその労力は、知的資本経営への取り組みを伝え、社員のモチベーションを高め、関係者を含む社会に、そして世界に、自社の強みと可能性を伝えることで、報われるはずだ。

Column

日立における知的資本経営

日立製作所は、日本で最初に知的資本経営を導入した会社の一つだ。

日立製作所は、2003年から延べおよそ30の事業部門に対して、ICRating を活用して知的資本可視化を行い、グループ横断的に知的資本の強みを発掘し、また必要に応じて強化するさまざまな施策を打ってきた。

また、日立グループの2022年度の統合報告書は、年金積立金管理運用独立行政法人（GPIF）により、〝優れた統合報告書〟の一つに選ばれた。特に、DXとGXを前面に打ち出し、ソーシャルイノベーション・ビジネスに取り組んでいること、価値創造プロセスの中で人的資本が価値創造に結びつくまでのを明確に示したこと、また独自のKPIを提示したことが高く評価された。

日立グループが、日本の伝統的大企業の中でも、頭一つ抜けて業績が良いのも、豊富な知的資本を最大限に活用する知的資本経営に取り組んできたことと無関係ではないはずだ。

Column

図　日立グループの価値創造プロセス（2022年度統合報告書より抜粋）

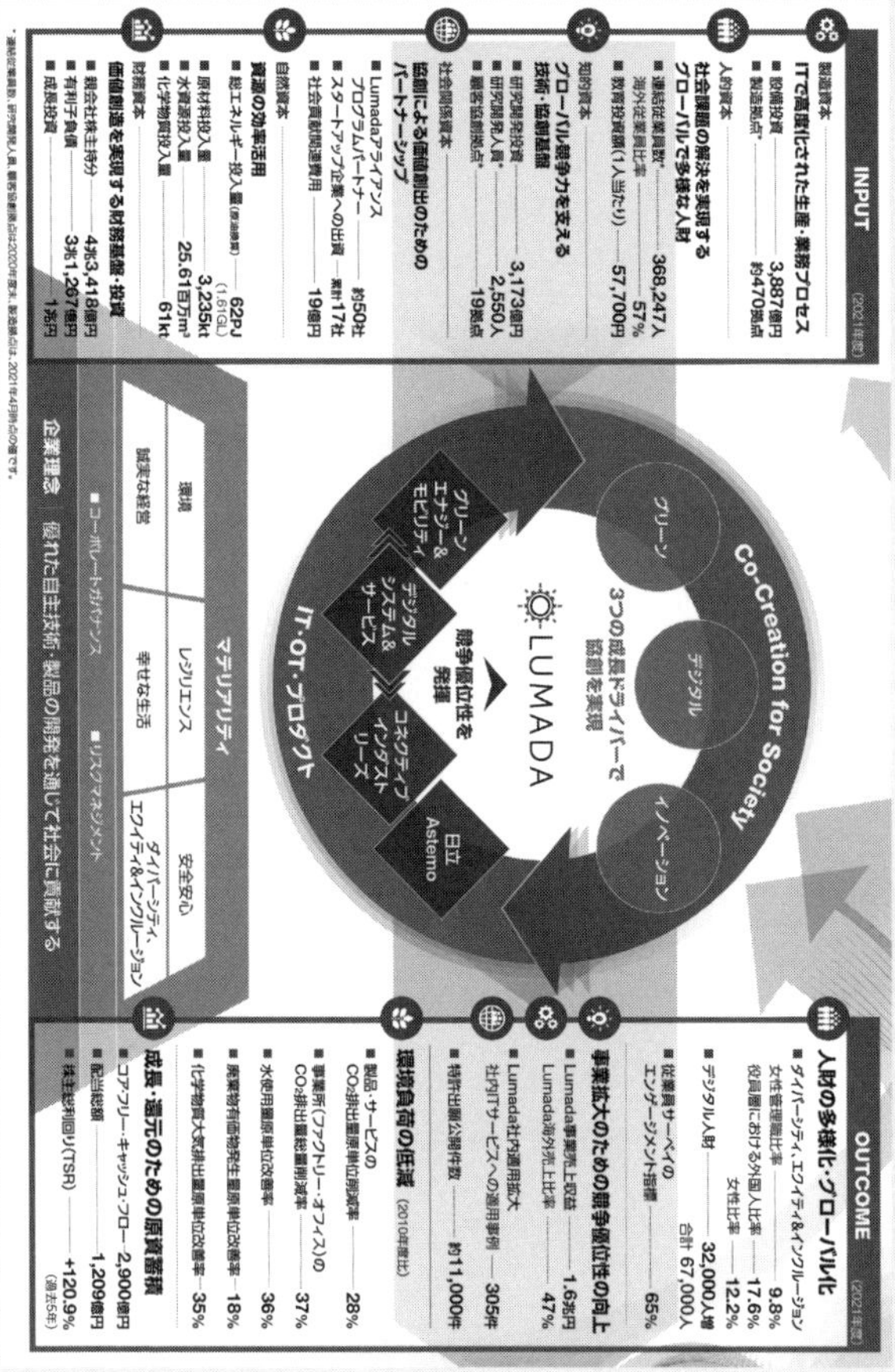

第5章

知的資本経営の歴史と統合報告書

自社の知的資本、及び知的資本経営実践の内容をステークホルダーに開示するツールが、今や世界に広く普及した「統合報告書」だ。

この統合報告書の成り立ちには、日本が大きく貢献した。その意味で、知的資本経営と統合報告書は、日本がリードした数少ない世界標準だといえる。

日本の風土と相性のよい知的資本経営

会社は誰のものか？

あなたは〝会社とは株主のものだ〟といわれたときに、違和感を感じるかもしれない。確かに、会社法にはそう明記してある。

しかし、ある意味の割り切れなさを感じるのが、普通の日本人だと思う。株価以外に会社のことをよく知らない一般投資家が所有者だといわれても、困惑するのではなかろうか。

〝会社は、社員のものでもないのか？〟〝経営者は関係ないのか？〟と考えるのが普通だろう。

実際、東京大学名誉教授の岩井克人氏が２００５年に著した『会社はだれのものか』（平凡社）という本は、バブル時代の傲慢な企業オーナーを批判しベストセラーになった。

また年配の方なら、〝会社は社会の公器〟という言葉を聞いたことがあるはずだ。

会社とは、株主や経営者が好き勝手にしてよいものではなく、社会という「公」のものである、という認識だ。

なぜ〝会社とは株主のものだ〟という、古典的経営モデルが大前提としている考えに違和感を感じるかというと、日本の会社の成り立ちは、欧米とは違うからだ。

日本の会社のルールは「三方よし」

江戸時代の日本とは、世界でもっとも市場経済が発達した国だったといえる。

当時の江戸は世界最大規模の大都市であり、庶民も文芸を楽しんでいた。また大阪の両替商も、現在の金融商品の先駆けといえる世界最先端の金融商品を取り扱っていた。

その中で最も活躍したのが、近江商人だといえる。

トヨタや伊藤忠商事など、日本を代表する会社が近江商人の流れを引いている。

近江商人には「三方よし」という言葉がある。これは〝買い手よし・売り手よし・世間よし〟という、三方がすべて幸せになる取引を意味する言葉だ。

この三方は、今の言葉でいうと、顧客、自社、地域社会というステークホルダーだ。会社以外のステークホルダーも幸せになって初めて良い商売（ビジネス）が生まれる。これが日本の会社の底流となっている基本的な哲学だろう。

また、当時の日本は、世代をまたいで息の長い商売を続けることが尊重され、短期的な利益をいたずらに稼ぐことは、卑しいこととされていた。

たとえば、住友グループは350年の初代から〝確実を旨とし浮利に趨《はし》らず〟、つまり目先の利益を追わず、信用を重んじ確実を旨とする、という経営姿勢を打ち出している。

また、江戸時代の経政家（今でいうと経営学者兼事業家）として有名な二宮尊徳は、〝道徳なき経済は犯罪であり、経済なき道徳は寝言である〟という言葉を残したとされる。これはSDGsを先取りする考え方といってもよいだろう。

さらに、長寿企業が世界で最も多いのは日本だ。日本には100年以上続く会社が約3万3000社、200年以上続く会社が約1300社ある。これは世界の100年企業の約4割、200年企業の6割以上を占める。

このような長寿企業には、いたずらに規模を追わず、地道に存続してきた会社が多い。地域で雇用を生み、地域の祭りなどの文化を支え、社会の一員として根を張って生きてきたわけだ。

このように、日本には以前から、商売においては社会との調和を重視し、長期的な視野での繁栄を志すという経営哲学があったのだ。

「会社とは社会の一員」

このように、日本の会社がもともと持っていた世界観とは、〝会社とは社会の一員である〟というものだ。「会社」と「社会」、使われる文字も同じだ。会社と社会は、お互いとても近い関係にあったのだ。

「三方よし」の世界とは、会社が、地域社会や学校や役所といった、地域社会の多くの関係者と同列に並び、つながっているものだったといえる。

その反面、三方の中に株主という概念はない。日本人の会社観の中には、資金の貸し手として銀行（当時は両替商）の存在はあっても、株主という概念はもともと希薄だったといえる。

このように、〝社会の一員〟をルーツとする日本の会社は、貿易船をルーツとする欧米の会社とは、全く異なるルーツを持つ存在だったのだ。

ちなみに近年は、近江商人の三方よしに〝作り手よし〟〝地球よし〟〝未来よし〟を加えた〝六方よし〟、さらに国や地域を加えた〝八方よし〟という考えも提唱されている。オリジナルの考えに、ＳＤＧｓの概念を加えたものだといえる。

日本の資本主義の原点：「論語とそろばん」

日本の資本主義の創始者といえるのが、渋沢栄一（１８４０年－１９３１年）だろう。渋沢は、５００社以上の企業を創業し、そのうち４割近くが現在も上場企業して続いている。

渋沢は、幼少期に学んだ『論語』の教養をもとに、倫理と利益の両立を掲げる「道徳経済合一説」を打ち出した。経済を発展させ、利益を独占するのではなく、国全体を豊かにするために、富は全体で共有し社会に還元することを説いた。「自利（自社の利益・個人の欲求）」と「利他（道徳・共通善の実）」を異なるものと捉えたうえで、その調和を求めた。

著書の『論語と算盤』で、渋沢は次のように述べている。

〝富をなす根源は何かと言えば、仁義道徳。正しい道理の富でなければ、その富は完全に永続することができぬ〟

〝強い思いやりを持って、世の中の利益を考えることは、もちろんよいことだ。しかし同時に、自分の利益が欲しいという気持ちで働くのも、世間一般の当たり前の姿である。（略）

この道理と欲望とが、ぴったりくっついていないといけない。

また渋沢は、〝一個人の利益になる仕事よりも、多くの人や社会全体の利益になる仕事をすべきだ〟と唱え、自ら実践した。

このように日本においては、会社とは利益を第一に追求するものではなく、まずは社会の一員として存在し、社会に対して「善」をなし、その結果として利益を得るものという考え方があったといえる。まさに「新しい経営モデル」に近い概念が、当初からあったのだ。

宇沢弘文と「社会的共通資本」

現在、資本主義のグレート・リセットの文脈で「社会的共通資本」という概念が注目されている。この社会的共通資本は、東京大学経済学部学部長を務めた宇沢弘文先生が提唱した概念だ。

宇沢先生は、若くしてシカゴ大学の経済学部教授に就任し、新しい数理経済学の分野で目覚ましい業績をあげた。しかし、当時のシカゴ大学は、市場経済万能の新古典派・新自由主義が力を持ちはじめており、それを嫌悪した宇沢先生は、職を辞し帰国した。そして帰国後、高度成長の裏で苦しむ、水俣病をはじめとする公害の被害者たち、また交通事故の被害者たちに衝撃を受け、彼らも救う経済学をつくろうと志した。そして、『自動車の社会的費用』（岩波書店）では、自動車が社会に与える費用を算出し、お金一辺倒ではなく社会や人の命を重視する経済学を世に問うた。

宇沢先生の時代に先駆けた先見性と広い人間性は、現在でも大勢の方に慕われている。ＳＤＧｓを提唱したとされる経済学者のジェフリー・サックス教授も、若い頃にシカゴ大学で宇沢先生の薫陶を受けた影響があるとされる。

宇沢先生は〝経済は人間の心があって初めて動いていく〟という当たり前のことを訴え、自然や人間の心を数理経済学を使って表現しようとした。そして、豊かな社会に欠かせない、人々の生活を生き生きとさせる基盤を「社会的共通資本」として提唱した。

この社会的共通資本とは、〝一つの国ないし特定の地域に住むすべての人々が、豊かな経済生活を営み、すぐれた文化を展開し、人間的に魅力ある社会を持続的、安定的に維持することを可能にするような社会的装置〟とした。

古典的経済学が市場経済の分析に専心するのに対して、宇沢先生はその市場経済を成り立たせている土台である社会的共通資本の役割と意義を明らかにしようとしたのである。

宇沢先生が定義した社会的共通資本とは、次の３つである。

- 自然環境（大気、森林、河川、土壌など）
- 社会的インフラストラクチャー（道路、交通機関、上下水道、電力・ガスなど）
- 制度資本（教育、医療、司法、金融など）

これらはそれぞれ、自然資本、社会の財務資本、社会の組織資本と考えることができる。知的資本経営では、社会へのアウトカムの中でこの社会的共通資本への影響を捉えている。つまり知的資本経営とは、宇沢先生の提唱した社会的共通資本を最初から視野に入れた経営を考えることを可能とする経営システムだといえる。

日本企業の隆盛と停滞

日本企業は、第二次大戦後の高度成長期に、世界史上最も速い勢いで成長したソニーやホンダやパナソニックといったベンチャー企業が、世界企業として大きくなった。１９９０年には、世界の時価総額のトップ30社の内、実に21社を日本企業が占めるまでになった。日本的経営が大いに注目され、世界中で日本企業の研究が進んだ。

また、日本企業の研究者の魁といえるジェームズ・アベグレン氏は、早くも１９５８年に日本的経営の特徴とは「終身雇用・年功序列・企業内労働組合」だと指摘した。

しかし、これらの特徴は高度成長という、いわば特殊な環境下で出現したものだ。高度成長以前の日本企業は、必ずしもそのような特徴を備えていなかった。

そして1990年の不動産バブル崩壊の影響で、日本企業の成長は鈍化した。そして、今のままでの経営のままではいけない、という反省のもと、当時の日本企業が飛びついたのが、MBAプログラムが〝正しい〟と教え、コンサルティング会社が提唱した経営手法、つまり古典的経営モデルだった。

折しも2000年頃は、株主資本主義・市場原理主義が、グローバル・スタンダードとして声高に唱えられていた頃だ。株主価値の向上が正義とされ、株主価値に直結するROEを高めるために、資本効率を高めるEVA経営などがもてはやされ、多くの大企業が続々と採用した。

当時は〝投資家の期待を達成できない経営者は、市場から退場を迫られるべき〟というのが正論とされた。そうしたプレッシャーの中、経営者は株主うけする高い成長目標を掲げ、真面目に目標の実現に取り組んだのだ。

しかし、会社を自ら持つ知的資本の能力以上に成長させようとすると、どこかに無理が生じる。その結果、短期的な利益目標を達成するために、長期的な研究開発投資や人材育成が犠牲となり、日本企業がそれまで強みとしていたイノベーションも低迷していった。そして、従業員の育成や地域社会との関係といった日本企業が大事にしてきた知的資本も失われていったのだ。

その一方で、「終身雇用・年功序列・企業内労働組合」といった３つの要素は、高度成長の終焉とともに鍵となる知的資本ではなくなったにも関わらず、日本企業は後生大事に守り続けた。

〝人を大事にする日本企業〟という神話はしばらく残ったものの、それは法律的に難易度の高い解雇を行わなかっただけで、人的資本に対する投資は先進国の中で最低にまで落ちてしまった。

バブル崩壊以来、日本企業は低迷を続け、業績も振るわないままだ。

２０２３年5月現在、世界の時価総額のトップ30に、日本企業は一社も入っていない。日本企業の凋落の原因を一つに特定することはできないが、古典的経営モデルを絶対視し、自らの知的資本と合わない経営手法を無理に入れようとしたこと、また鍵となる知的資本を見誤り弱体化させた、という点があることは否めない。

古典的経営モデルを金科玉条のごとく熱心に導入しはじめたすぐ後に、古典的経営モデルの限界が指摘されはじめたのは、不運だともいえる。株主価値を上げるために行なった経営方針の転換により、結果として株主価値を失う結果になったのは、皮肉なことだ。

北欧で生まれ、日本が育てた、知的資本経営

北欧で生まれた知的資本経営

スウェーデン・ノルウェー・フィンランド・デンマークといった北欧諸国は、最も成熟した民主主義のもと、社会民主主義的政策による福祉国家が運営されてきた。また北欧は国民の幸福度が世界で最も高い地域として知られている。

北欧諸国は、同じ資本主義の経済ではあるが、米国や英国が選択した市場原理主義的な経済とは違う、生活の質や会社の社会への貢献を重視する経済政策を選択してきたのだ。

北欧諸国は資源に乏しく、国内市場も大きくない。北欧企業は、欧州の大国の企業と競争するためには、自らの従業員の質や知恵で勝負するしかなかった。そのために、彼らは自らの持つ知的資本を最大限に活用し、また株式市場などにアピールする必要があったのだ。

このような背景のもと、世界で初めて知的資本経営をスタートしたのは、北欧最大の保険会社であるスカンディア社だ。

スカンディアは、１９９０年頃から「ナビゲーター」という独自の経営管理ツールを用いて、経営指標から財務指標を外し、すべてを知的資本の指標でマネジメントするという最先端のマネジメント手法を取り入れた。そして、１９９５年に世界最初の「知的資本レポート」を発行した。

スカンディアの役員として、この一連の取り組みを先導したのが、〝知的資本経営の父〟と称されるレイフ・エドヴィンソンだ。

レイフがこのときの経験を元に１９９７年に執筆した『Intellectual Capital』は、その先見性が認められ、翌年にはレイフはビル・ゲイツとともに「世界の頭脳賞」に輝いた。

レイフはその後、ルンド大学の教授となり、世界の知的資本経営をリードする一人として活躍している。

北欧政府も、世界に先駆けて知的資本経営の普及に向けて動きはじめた。

とくにデンマーク政府は、知的資本情報の一般投資家への開示を目的に、2002年に世界ではじめて企業に財務報告に加えて「知的資本報告書」の作成を法制化し、2003年にはそのためのガイドラインを発表した。

このように、スカンディアからはじまった知的資本経営は、政府の後押しもあって、北欧の企業に次第に広まっていった。

日本における知的資本経営への取り組み

1990年頃、日本企業が強かった当時は「日本的経営」が大いに注目された。社是や社訓を大事にして長期的な視点でビジネスを継続すること、自分だけでなく社会や相手も考える「三方よし」の思想や、地域社会との共生といった考え方が、世界でも関心を持たれてきた。

しかし、その後の日本企業の停滞に伴って、2000年頃には、日本的経営に対する自信は薄れていった。古典的経営モデルへの転換もうまく機能せず、日本企業は全般として元気を取り戻すことはなく、（当時は）〝失われた10年〟という停滞期が続くばかりだった。

しかし日本政府の中には、日本企業が停滞したのは、別の理由があったからではないか、と考える人たちがいた。

〝日本企業は大きな強みを持っているのに、その強みを会社自身がしっかり認識できていないのではないか〟〝そのため、自らの強みを活用する戦略も組み立てられることもできず、新たな事業創造が滞っているのではないか〟という問題意識を彼らは持ったのだった。

そして彼らは、北欧ではじまった「知的資本経営」に注目した。北欧企業を強くするために生み出された知的資本経営が、日本の会社や社会とも相性がよく、日本企業を強くするのではないかと考えたのだ。

こうして日本政府では、経済産業省の知的財産政策室が中心となって、知的資本経営の研究を推進した。２００１年には「知的資本に関する調査研究」の報告書をまとめ、２００２年には「知的資本研究会」を発足させ、また知的資本を中心とした経営力指標を考える「新経営力指標委員会」を発足させた。そして２００５年には、産業構造審議会の新成長政策部会に「経営・知的資産小委員会」を設置することとなった。

ちなみに日本政府は、「知的資〝産〟経営」という用語を使用しているが、学術的な議論はともかく、実務的には「知的資本経営」と同じものだと考えてよい。

日本政府による知的資本経営のガイドライン策定

経済産業省は２００５年、「知的資産経営の開示ガイドライン」を設定した。

このガイドラインでは、知的資産経営報告書を「知的財産報告書」や「環境経営報告書」のような個別要素に焦点をあてるのではなく、経営全体を視野に、経営トップ自らが知的資本と企業価値の向上を、社会に向けて語る重要性を説いた。また知的資産経営報告書の雛形や、よく使われる35の指標を例示した。

さらに２００７年には中小企業基盤整備機構が、中小企業が知的資本経営を進めるためのガイドラインとして、「中小会社のための知的資産経営マニュアル」を発表した。

マニュアルは、中小会社の経営者が報告書作成を通じて、知的資本経営を実践する手引きとなっていて、実践のステップや事例などを具体的に解説している。

知的資本経営の金融への活用

知的資産経営報告書が最も活用されたのは、銀行の融資審査の場面であった。

知的資本の強みを持つ中小企業やスタートアップが事業資金の融資を申請しても、銀行は財務情報だけでは融資の可否を判断できない。そのために、自社の強みをアピールする知的資産経営報告書が活用されたのだ。

また、２０１５年に金融庁長官に就任した森信親氏は、不良債権処理がほぼ終了した地域金融機関は、地域の産業振興に貢献する「地域密着型金融」を推進すべきと、金融行政を大きく転換した。そして、担保主義の融資から転換し、事業性評価をするために必要な〝目利き力〟を養成するためにも、知的資本を理解し評価することが推奨された。ここでも、知的資産経営報告書が効果的に活用された。

経営システムのグローバル化は、報告書のグローバル化からはじまる

古典的経営システムの重要な一部に、財務会計報告がある。

財務会計報告は、欧州流のＩＦＲＳ(International Financial Reporting Standards：国際財務報告基準)も米国流のＧＡＡＰ(Generally Accepted Accounting Principles：米国会計基準)も、いずれも世界標準として通用している。また、会社の経理・経営システムもこのＩＦＲＳやＧＡＡＰに従ったものとして整えられている。古典的経営システムが世界標準となりえたの

は、そのベースとなる財務会計報告が広く世界で認知され、かつ上場企業にはその開示が義務づけられていることが、大きく貢献している。

このように、報告書がグローバル化すると、それを動かす経営システムのグローバル化も進む。

経済産業省の中には、知的資本経営を世界標準として広めるためには、報告書のグローバル・スタンダードに組み込むのがよい、という明確な戦略を打ち立てた人たちがいた。グローバル・スタンダードになれば、真面目な日本企業は知的資本経営に取り組むに違いないというわけだ。

こうした意図から、日本政府も知的資本経営の報告書のグローバル化に向けて動きはじめた。

知的資本経営の国際標準化への取り組み

経済産業省は2004年からの省内での検討を並行して、OECDにおいて、知的資産の価値創造のプロジェクトを主導した。これを契機に、2007年に日本・欧州・米国政府が参加し、WICI(World Intellectual Initiative：世界知的資本構想)が発足した。そしてW

ＩＣＩは２００８年に、日本の知的資産経営ガイドラインをベースに、経営報告の枠組み(Business Reporting Framework)を提唱し、２００９年より欧州委員会のＥＳＧ情報開示ワークショップ等に関わった。

そして２０１０年には、英国のＡ４ＳとＧＲＩの主導でＩＩＲＣ(International Integrated Reporting Council：国際統合報告評議会)が組織された。ちなみに、Ａ４Ｓ(Price's Accountability for Sustainable Project)は、英国のチャールズ皇太子(当時)が設立した持続可能性に関するプロジェクトであり、ＧＲＩ(Global Reporting Initiative)は、持続可能性報告のための枠組みの開発と普及を目的とし、環境経営レポートなどに関するガイドラインを作成している組織だ。

こうして設立されたＩＩＲＣは２０１３年、ＷＩＣＩとの密接な協力のもと、日本の知的資産経営報告ガイドラインをベースとした統合報告の枠組みを採用・公表した。また２０１６年には、統合報告書を作成する際に、特に知的資本に関する報告書作成のガイドラインとしてＷＩＣＩがＷＩＲＦ(WICI Intangibles Reporting Framework：WICIによる非財務資産報告の枠組み)が策定し、それをＩＩＲＣが承認した。

世界標準となった、知的資本経営の「統合報告書」――

知的資本経営の取り組みを開示する統合報告書

ＩＩＲＣは、統合報告書を、「企業の売上や資産など法的に開示が定められた財務情報と知的資本などの非財務情報を統合的に捉え、それらを活用した企業の価値創造の方法を統合思考でまとめ、示すもの」と説明している。

つまり、統合報告書とは、自社の知的資本そして知的資本経営を開示する報告書にほかならない。

統合報告書では、自社の知的資本と知的資本経営の取り組み、また社会的共通資本への貢献を、外部の多様な関係者にわかりやすく伝えるものだ。

ここで統合報告書が、今までの報告書と本質的に何が違うのか、あらためて確認しよう。

従来、上場企業の社外コミュニケーションを担ってきたのは、ＩＲ部門だ。

ＩＲとは、「Investors Relations」。つまり、会社の所有者である株主（Investor）に対して、財務的成果を報告するのが、ＩＲ部門の本来の役割だ。

しかし、第1章で述べたように、会社は社会の一員であり、今では社会の多様な関係者（マルチ・ステークホルダー）に対する情報開示も求められてきている。企業市民としての責任（ＣＳＲ：Corporate Social Respontibilities）が要求されているのだ。

しかし統合報告書は、ＣＳＲレポートとも大きく違う。

ＣＳＲレポートでは、事業との関連性は必ずしも要求されていなかった。極論すれば、本業に関係なく、植林などの環境貢献活動を宣伝することが求められたのだ。

それに対して統合報告書では、外部への貢献を本業と「統合」した報告を求めている。社内のどんな知的資本を活用し、どのようにステークホルダーに対するアウトカムを創出するかという価値創造ストーリーを、明確にファクトとともに伝えることで、関係者は納得するのだ。

人的資本開示の流れ

知的資本の一部である人的資本についても、その開示が求められてきている。

欧州委員会は、２０１４年の非財務情報開示指令で「社員と従業員」を含む情報開示を義務づけた。２０２１年には、人権や人的資本を含めたより詳細な情報開示ルールを定めた企業サステナビリティ報告指令案が公表され、２０２４年より順次適用が開始される予定である。

米国でも証券取引委員会は、２０１７年の25の機関投資家からの人的資本に関する開示基準の策定申し立てを受けて、２０２０年からは非財務情報の開示項目を変更し、上場企業に対して有価証券報告書(Form 10-K)での人的資本の開示を義務化した。

また国際標準化機構も、２０１８年に人的資本の情報開示に関する国際標準であるＩＳＯ３０４１４を定め、91頁に示したように、人材マネジメントの11領域について、データを用いてレポーティングするための58の測定基準を示した。

日本でも、２０２０年に公表された「人材版伊藤レポート」を契機に人的資本の重要性が認識されはじめた。その後東京証券取引所が２０２１年にコーポレートガバナンスコードを改定し、上場企業に対し「人的資本、知的財産への投資を含む自社のサステナビリティについての取組みの適切な開示」を求めるようになった。また２０２２年には経済産業省が「人材版伊藤レポート２・０」を発表し、「新しい資本主義のグランドデザイン及び実行計画」において人的資本の非財務情報の株式市場への開示強化と指針整備を示した。

そして金融庁は、２０２３年から上場企業に対して、人的資本に関する情報を有価証券報告書に記載することを義務づけた。

自然資本のアウトカムの開示

また昨今は、企業が気候変動に対してどのような対策をとっているかが社会から問われており、また投資家もＥＳＧ投資でその点に関心を寄せはじめている。

そこで、金融システムの安定化を目指す「金融安定理事会（ＦＳＢ）」は、２０１５年にＴＣＦＤ（Task force on Climate-related Financial Disclosures：気候関連財務情報開示タスクフォース）を設立し、２０１７年には「ＴＣＦＤ報告書」を公表した。

この報告性は、企業に気候変動に対するガバナンス・戦略・リスク管理・指標と目標のストーリーを求めるものだ。

このＴＤＣＦ報告書とは、自然資本に対するアウトカムに関わる価値創造ストーリーと、それに関わる知的資本経営のマネジメントを開示するものだといえるだろう。

ＴＣＦＤに賛同する企業や金融機関の数は増加を続けており、２０２３年４月時点で、日本だけでも1300社を、世界では4400社を超えている。

このように、知的資本の一部である人的資本の開示や、自然資本へのアウトカムという知的資本経営でも重視される要素の開示が、世界で広まっている。

世界標準となった知的資本経営

今まで述べてきたように、統合報告書とは知的資本経営を出発点として作られたものだ。また、この統合報告書は、日本がイニシアチブを取って国際標準を作った数少ない例だといえる。

日本企業も、世界標準となったWIRFのガイドラインに従った書式で統合報告書を作成すれば、自社の知的資本、及び知的資本経営の内容を、世界に伝えることができる。

統合報告書を発行する企業は、図表5-1の通り、毎年増加している。また、毎年約3000社の中小企業が知的資産経営報告書を発行している。

日本においても、現在では東証一部上場企業の8割近くが発行するほど普及している。

もちろん現時点では、統合報告書や知的資産経営報告書をつくる会社のすべてが知的資本経営を積極的に実践しているわけではない。

しかし、統合報告書の制作を通じて、知的資本経営の理解は着実に世界に広がってきており、今後はその実践もさらに広がっていくことを期待したい。

図表5-1　統合報告書発行企業数推移

年	世界（概数）	日本
2013年	2,200	90
2014年	3,000	133
2015年	4,500	206
2016年	5,800	275
2017年	6,800	331
2018年	7,800	420
2019年	8,900	524
2020年	9,800	602
2021年	10,000	740
2022年	2,500（※）	884

【出典】
日本企業：KPMS サステナブルバリューサービス・ジャパン（2023）
「日本の企業報告に関する調査」より ICMG 作成
世界：国際財務報告基準（IFRS）財団
カーボン・ディスクロージャー・プロジェクト（CDP）
一般社団法人グローバル・リポーティング・イニシアティブ（GRI）
より ICMG 作成
（※）2022年は IIRC より

あなたの会社の良さを世界に伝えよう

統合報告書は、世界標準（グローバルスタンダード）の報告書だ。統合報告書のスタイルで自社の知的資本や価値創造ストーリーを記述すれば、（翻訳は必要にせよ）世界の誰もが読んで理解することができる。機械翻訳の性能が上がった現在、あなたの会社の強みを低コストで広く世界に伝えることも可能となったといえる。

日本の会社には質の高い知的資本をもった会社が多数ある。高度な技術開発や品質改善、また不良品削減への真摯な取り組み、正確なオペレーション、真面目で献身的な従業員など、国内だと〝あたりまえ〟だと思えることも、世界の中では稀有なものだといえる。また、〝口先だけ〟でなく真面目にSDGsや地球環境問題に取り組む会社も、世界で最も多いかもしれない。

バブル崩壊以後、自信を失いかけている日本企業だが、世界に通用する知的資本を持った会社は少なくない。統合報告書を活用し自社の強みを世界に伝え、あなたの会社も世界から選ばれる会社になってほしい。

あとがき——北欧ラップランドの大自然の中で

株式会社ＩＣＭＧグループＣＯＯ／株式会社ＩＷＮＣ代表取締役
石川　博久

知的資本経営とは「見えないものを見る」経営

もう30年以上も前、私はスカンジナビア半島を北上してラップランドを旅していた。〝自分は何者かになれるのか〟。そんな焦りを抱えた一介の留学生だった私は、長い時間列車に揺られ、最果ての地に降り立った。

地平線まで広がる原野。吹き荒ぶ風雪。夜空を覆うオーロラ。狼たちの遠吠え。圧倒的な大自然を前にして感じたことは、己の小ささであり、自分もこの自然の一部であるということへの畏敬と感謝の念だった。

私の中に突然、〝私の地球(My Earth)〟という感覚が芽生えた。ああ、自分も地球の一員なんだ。この自然に対して、地球の未来に対して、何か一つでもできることがあれば、役に立ちたい。

その瞬間からすべてのモノの見方が変わった。目の前にあるものすべてをジブンゴトとして考えればいい。私の社会（My Community）しかり、私の会社（My Company）しかり。

生きるとは、自分が何者かになることではない。自分の会社、社会そして地球に対して、ジブンゴトとして関わり、自分らしい貢献をしていくという意思なのだ。

そう気づいたとき、私の中の焦燥感は消えていた。

私は今、株式会社ＩＷＮＣ（＝I Will Not Complain：私は文句を言わない）という、変わった名前の会社を経営している。ＩＷＮＣは、ＩＣＭＧのグループの一員として、中国やモンゴルの奥地など過酷な環境下で、経営人材に対するリーダーシップ開発プログラムを実践している。

知的資本経営の本質とはなにか？　と考えるとき、私が思い浮かべるのは30数年前のあのラップランドの風景だ。ひとり荒涼とした大地に佇んでいたときの、あの新鮮な感覚が蘇えるのだ。

知的資本経営とは、〝企業を一本の木として捉え、木の根である見えざる価値である知的資本を可視化し、目指すビジョンを描き出し、人的資本からの価値創造を構築する〟という考え方だ。

いうまでもなく企業（Copmany）の本質とは、仲間（Company）だ。個人個人を仲間としてつなげる力、仲間（Company）を会社（Company）とする根源的な力とはなにか。知的資本経営は、その「力」の正体こそが知的資本、つまりバランスシートに記載されない〝見えざる価値〟だと捉える。

そして、知的資本経営の実践には、見えざるものを見ようとする「意志」と「感性」と「思い」が問われるのだ。

今の経営幹部に持つ違和感

近年、地球環境に関する話題が増えている。それはそれで良い。しかしその一方で、〝地球環境の維持に向けて、個人も組織も努力しましょう。そうしなければ、地球は滅びてしまいますよ〟といった一大キャンペーンに、世界中が踊らされているように見えるのだ。こうした流れに乗り遅れまいと、企業は大慌てでパーパスを設定し、中長期計画に反映し、ＫＰＩを設定しはじめた。そして、プラスチックのストローは紙製に変わった。

それはそれで良い。間違いではないのだろう。

けれど、多くの大企業の掲げるパーパスは、なぜかどこか薄ら寒く、血が通っていない。拭いきれない違和感がある。

この違和感を一言で言うならばジブンゴトの欠如だ。

私は仕事柄、グローバル企業や日本を代表する大企業の幹部研修を担当する機会が多い。参加者である次世代幹部候補たちに、私はいつもこんな問いを投げかける。〝あなたが経営者として、明日、ダボス会議で地球環境問題への取り組みをプレゼンするのなら、何を語りますか?〟。

つい先ほどまで、高度な戦略論や最新の経営論、そして地球環境問題について流暢に語っていた参加者たちが、ハッと口を閉ざす。〝では語ってください〟と促すと〝ええっと、当社のパーパスは…〟と借りてきたような言葉でボソボソと語りはじめる。彼らの言葉は聴く人の心を打たず、それはおよそリーダーたる者の姿とはいえない。

本書の119頁で説明した「智と軸」で考えてみよう。

高い知性と多くの知識を持っている参加者は、すでに「智」は十分に持っている。

しかし彼らには、パーパスやビジョンをジブンゴトとして考え、語る力が欠けている。

つまり、自分ごととしての「軸」を、まだ持てていないのだ。

「軸」のない、ジブンゴトとなっていないパーパスをいくら並べても、聞く人が共感することはない。現在の延長線の上に書かれたビジョンでは、新しい未来は生まれない。

目覚めはじめた「個」の「意志の力」

世界を巻き込んだパンデミックは、人々の暮らしを分断した。分断が生み出した孤独の中で、〝人は何のために生きるのか〟〝命とは何か〟〝世界はどうあるべきか〟といった根源的な問いが浮き彫りになったように私は感じる。そして、世界のいたるところで、草の根レベルで、自らの軸と生きる目的を見出した個人が誕生していることを感じる。

持つ者が持たざる者を支配し搾取し、勝ち組と負け組に分断される、という世界観から脱し、ともにつながっていく絆をつくり出そうとする、新しい動きだ。いわば自らの存在価値(マイ・パーパス)を見出した「個」が、自らの「意思の力(ウィルパワー)」で動きはじめようとしている。

意志の力とは、見えない未来を見る力のことだろう。

この意志の力は、個人の「軸」と通底し、個人の人生の未来と、会社という組織の未来、そして社会の未来とも共鳴するものだ。

そうした意志の力を持った個の視線は、すでに自らが属する組織の枠を超えて、広く社会に向けられている。社会のために何かをしたいという思いは、人間の本質的な欲求であり、自ら描いた未来に向かって一歩前に踏み出すということは、個の生きる証でもある。

それは奇しくも私自身がラップランドで感じた思いと同じ類のものだ。あれから30数年が経ち、ようやく時代が転換点（ティッピングポイント）を迎えたのだと思う。「意志の力」を持つ個人が共感でつながり、未来を共創していく。そんな大きなうねりが生まれつつあることを感じている。

知的資本経営とは「意思の力」と「共感」をベースとした経営善と悪、利己と利他、こちらの正義とあちらの正義。

相対するものの狭間で揺れ動くのは個人も企業も同じだ。その中で何を選び取り、どんな未来をつくり出すのかを決めるのが、意志の力だ。そして、その意志は「共感」によって、他の仲間とつながっていく。意志が共感でつながるからこそ、人は利他を選択できる。

儲かるか儲からないかだけの共感のない損得感情では、人間は社会を作れない。競争と排他性もまた人間の本質だという人もいるが、競争と排他性に身を任せて永続した組織を私は知らない。

私はかつて、ケニアのマサイ族の村にしばらく滞在したことがある。マサイ族の村には、目に見える形でのルールというものが一切なかった。それでも彼らは助け合い、弱者を守るために自己犠牲を厭わない。目に見えない共感という力が部族をつなげている。私は人間の組織の根源的なあり方をそこに見た気がした。

社会的な動物である人間にとって、共感とは生存に必要となる基本的な能力であり、共感こそが人類共通の叡智なのだ。

人類は資本主義という道具を手にした、たった数百年の間に、地球を開発し尽くし物質的な豊かさを手に入れた。私は資本主義の未来までは予測できないが、個が目覚めた未来において、人間本来のあり方に根差した「意志の力」と「共感の力」を持つ組織のみが、生き残るはずだと考えている。

マサイ族のもっていた共感の力は、この本のテーマである知的資本経営とも底流でつながる。知的資本経営とは、人間の意志の力と共感の力に基づく経営だと私は理解している。

変化は見えている、足りないのは「思い」

一方で残念ながら、大企業や大組織ほど、この大きな変化に乗り切れずにいる。

ＩＣＭＧの社長、船橋がよくぼやいている。〝大企業の社長たちは、みんな社長を退任してから、実は自分も知的資本経営が正しいと思っていた、と言うのだよ〟と。大企業の社長たちはみな在任中は、〝いや船橋さん、人的資本が大事といっても、今期の利益のほうがよほど大事でしょう〟とか、〝船橋社長のご意見はごもっともだが、研究開発力を育てるよりも、株価を上げる方が企業価値の向上には即効性があるでしょう〟とか言うらしい。いわば株主資本主義での代理人（エージェント）としての〝公式発言〟だ。

しかしその同じ人物が、社長を退任するとすぐに船橋のもとを訪れて、〝実は私も内心、船橋さんの言う知的資本経営が正しい、我が意を得たりと思っていました〟と言ってくるというのだ。

誤解を恐れずにいえば、株主資本主義という仕組みの中で勝者となった彼らは、無意識的に今ある仕組みの存続を第一に考えてしまい、自らの意志の力を閉ざしてしまったかのようだ。また組織の内側に閉じた大企業のカルチャーは、外の世界と共感することを難しくする。

しかし、彼らの中でも、今の株主資本主義が正しい、と信じている人は必ずしも多くない。いや、健全な知性を持っている方ならば、そんなことを素直に信じられるはずがない。

だからこそ、退任後には安心したように、〝実は知的資本経営に共感した。船橋さんの言う通りだと思った〟と自らの本心を語りはじめるのだ。

しかし、こうした自分の「軸」つまり、意志の力と共感の力を失った彼らは、新しい時代を拓くリーダーとは言い難い。

しかし、彼らに足りないのは、必ずしも意志の力と共感力ではない。自らの意志の力と共感力を認め、解き放つ勇気、すなわち「思い」なのだ。

違った未来を見る力と、自分を信じる勇気

古代から現代まで、新たな時代を切り拓いてきたリーダーたちがいた。彼らは、その時代の常識とは違う考えを持つ〝変わり者〟だった。しかし、彼らが世の中に変革をもたらしたのは、彼らが当時とは違った未来、自らが描いた未来から、バックキャスティングして今を見ていたからだ。

この自ら未来を描く力、つまり「智」は、潜在的に誰でも持っているものだと思う。しかし、これらリーダーたちが他の人と違っていたのは、他人と違う考えを持った自分自身を信じる「思い」があったことだろう。

リーダーに求められるのは、自分自身の「軸」であり、今の常識とは違う未来、自分で描いた未来を信じる「思い」なのだ。

たった今からでも、未来は変えられる。

まずはリーダーが自分自身と向き合い、自分の軸に根ざしたパーパスを抱くことが出発点だ。自分自身のパーパスを語ることが、それに共鳴する仲間(Company)を集め、未来を切り開いていくキッカケとなる。そのことを理解し、動くことができる人こそ、真のリーダーだといえるだろう。

知的資本経営という「羅針盤」をもって未来を拓こう

自らの意志の力と共感力に根ざし、イノベーティブな未来を拓く知的資本経営は、自分たちが何をすべきか、未来のビジョンからバックキャストして進むべき道を指し示す、「未来からの羅針盤」となる。

しかし、知的資本経営と自らの知的資本や価値創造ストーリーを「智」として理解することと、知的資本経営の実践を進めるために「軸」を持ち、行動し「実践」することは、全く違う。

そして、知的資本経営という「智」をもった以上は、自らの「軸」を明らかにし、行動しないのは、あまりにも勿体ない。

「知的資本経営」という羅針盤を手に入れたあなたには、ぜひこの羅針盤を、自分自身の軸を見出し、自らの意志の力を信じ、共感する仲間とともに、勇気を持って未来を拓いていくためのツールとして、活用していただきたい。

それが、新たなリーダーとなるあなたに、私自身そしてＩＣＭＧとＩＷＮＣのメンバーが最も期待することなのだ。

謝辞

本書は、株式会社ＩＣＭＧにおける、20年以上の知的資本経営の研究と実践の成果をまとめたものだ。その意味で本章は、今までに協力いただいた多くの方々との共同著作だと考えている。

特に、知的資本経営の基本的な考え方を生み出した、次の方々に感謝いたします。

野中郁次郎氏（一橋大学名誉教授、紫綬褒章受章、日本学士院会員。２００８年にはウォールストリートジャーナルで「最も影響力のあるビジネス思索家トップ20」でアジアから唯一選出された。著書（共著含む）は『知識創造企業』『失敗の本質』『共感経営』『イノベーションの本質』など多数）

紺野登氏（多摩大学大学院教授、一般社団法人Japan Innovation Network代表理事、Future Center Alliance Japanファウンダー。著書に『知識資産の経営』『創造経営の戦略』など。また、野中先生との共著に『知識創造の方法論』『構想力の方法論』『美徳の経営』『知力経営』『知識経営のすすめ』などがある）

レイフ・エドヴィンソン（スウェーデン・ルンド大学教授、知的資本経営の国際団体である New Club of Paris 代表。スウェーデン・スカンディア社の初代知的資本担当取締役として、知的資本経営の理論を構築。欧州委員会の高度専門家の一人として知的資本報告を監修）

また、本書の執筆にあたって、次の方々からアドバイスをいただいたことを感謝いたします。

住田孝之氏（経済産業省知的財産政策室長、WICI会長を歴任。現在は住友商事株式会社常務執行役員兼住友商事グローバルリサーチ株式会社社長）

占部マリ氏（宇沢国際学館 代表取締役、医師。故・宇沢弘文氏の長女。）

そして、知的資本経営の実践からの知見を本書に提供し、また元原稿の執筆を担当したICMGとIWNCのメンバーに感謝したい。

最後に、本書執筆について実務面を担当いただき、筆者たちを叱咤激励いただいた、生産性出版の米田智子氏に感謝いたします。

参考文献

船橋仁編著　大庭史裕　河瀬誠著（2009）『知的資本経営のすすめ』生産性出版
日立コンサルティング　アクセル編（2007）『日立の知的資本経営』中央経済社
森田松太郎編著 日本ナレッジ・マネジメント学会監修（2012）『場のチカラ』白桃書房
小城武彦著（2017）『衰退の法則』東洋経済新報社
八木洋介　金井壽宏著（2012）『戦略人事のビジョン』光文社
宇沢弘文著（2000）『社会的共通資本』岩波書店
経済産業省（2007）「中小企業のための知的資産経営マニュアル」
https://www.meti.go.jp/policy/intellectual_assets/guideline/list6.html
船橋仁著（2007）「知的資本概念とその活用」早稲田大学大学院アジア太平洋研究科
野中郁次郎　竹内弘高著（1996）『知識創造企業』東洋経済新報社
三冨正博著（2017）『「見えない資産」経営』東方通信社
クラウス・シュワブ　ピーター・バナム著（2022）『ステークホルダー資本主義』日経ナショナルジオグラフィック
新井和宏著（2019）『持続可能な資本主義』ディスカヴァー・トゥエンティワン
夫馬賢治著（2022）『ネイチャー資本主義』PHP研究所
アレックス・エドマンズ著　川口大輔　霜山元　長曽崇志訳（2023）『GROW THE PIE』ヒューマンバリュー
貝沼直之　浜田宰著（2019）『統合報告で伝える価値創造ストーリー』商事法務
住田孝之著（2013）『非財務情報開示に関する最近の欧米の動き』証券アナリストジャーナル

ICMGについて

ICMG(Intellectual Capital Management Group)は「人的資本からの価値創」にこだわる知的資本経営を推進し、企業の経営を支えてきました。またコンサルティングサービスの枠を超えて新たな事業創造にも取り組み、日本だけでなくシンガポールやシリコンバレーをベースに大企業やスタートアップ、官公庁と協働し「社会課題解決の共創」プロジェクトを行っています。直近では、東京電力及び中部電力と共同で、東南アジアにおける再生可能エネルギーの投資を実行、国連UNDPとのSDGsイノベーション分野における戦略提携、愛知県のスマートサステナブルシティプロジェクト等をリードし、社会課題解決へとつながるイノベーションを創出しています。

※ICMGの2023年版統合報告書(抜粋版)を巻末に掲載いたしました。

[著者紹介]

船橋 仁（ふなはし　ひとし）

株式会社ICMG　ファウンダー・代表取締役社長　グループCEO

株式会社リクルートに入社。人材総合サービス部門、新規事業開発室を経てビジネスインキュベーション事業部を創設。雑誌『アントレ』を創刊し、ベンチャー企業の支援サービスとして、「雑誌」「ネット」「イベント」「個別コンサルティング」などの融合サービスを提供。リクルートのコンサルティング部門を継承する形で株式会社アクセル(現ICMG)を創設。知的資本経営の方法論を基に、日立製作所、JT、カネボウ、中外製薬、LIXIL、東京電力、川崎重工、東京証券取引所など多様な事業組織の変革を支援。

経済産業省 産業構造審議会 新成長政策部会 経営・知的資産小委員会 座長

経済同友会幹事　新事業創生委員会副委員長、中堅中小活性化委員会副委員長

証券リサーチセンター理事(現職)

World Intellectual Capital/Assets Initiative(WICI)理事(現職)

JAPAN Innovation Network (JIN) 創業メンバー、理事。(現職)等歴任。

早稲田大学大学院経営学修士(MBA)、博士(Ph. D)

河瀬　誠（かわせ　まこと）

株式会社ICMG　エグゼクティブ・アドバイザー

立命館大学 経営管理研究科 客員教授

王子製紙、A.T.カーニー、ソフトバンクを経て、現職。著書に『未来創造戦略ワークブック』『新事業開発スタートブック』『経営戦略ワークブック』『戦略思考コンプリートブック』（以上、日本実業出版社)『戦略思考のすすめ』（講談社現代新書）などがある。

東京大学工学部卒

ボストン大学理学修士および経営学修士(MBA)修了

登内 大輔（とうち だいすけ）

株式会社ICMG　執行役員（知的資本経営推進担当）

ICMGに参画。企業の知的資本経営の実践を支援。「人的資本からの価値創造」を信念に、人材を起点とした企業変革が専門領域。グローバル標準の価値創造の方法論をベースにした実践伴走支援に従事。次世代経営幹部等のリーダーシップ開発、知的資本の可視化、パーパス・ビジョン策定等の実行をリード。早稲田大学ビジネススクール寄付・提携講座「知的資本経営の持続成長論」の「知的資本の可視化」講師を担当。

慶応義塾大学経済学部卒

石川 博久（いしかわ　ひろひさ）

株式会社ICMG　代表取締役副社長　グループCOO

株式会社IWNC　代表取締役

欧州への留学後、創業者アントニーの意志に共感してIWNCに入社。1999年日本法人の代表に就任すると、2007年にはアジア全域へ幅広く事業展開しグループ統括代表になる。国内のIPOトレンドを牽引した数々の経営者を支援。欧米企業への長期的な組織開発を支援した経験から、経営リーダーに対するグローバルでの勝ち方の方程式を確立する。昨今は世界各地のネイティブ部族の長老たちから教えを被り、不確実性の高い時代における高度にサステイナブルな組織とより本質的なリーダーシップを探求する。

ケント大学Economics and Finance BA修了

Willpower の森

多様な意志が繋がりあう、
新しい生態系

ICMGグループ 統合報告書 2023

本レポートは抜粋版となります。
フルレポートは株式会社ICMGのホームページよりダウンロードできます。
https://www.icmg.co.jp/

wer の 森

生態系

CONTENTS

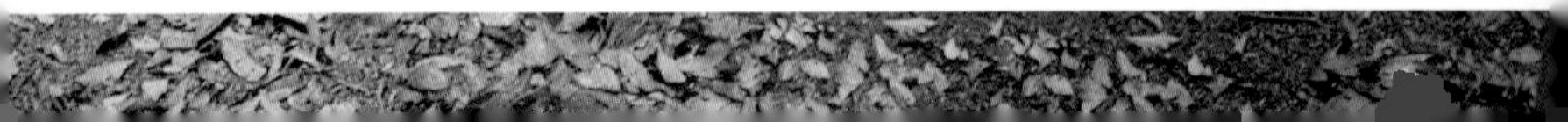

多様な意志が繋がりあう、新しい

いい木は、いい根っこから。いい根っこは、いい土壌から。

ICMGグループは、「森(Forest)」の発想を持ち、Willpowerを持つリーダーが集い、繋がりあう豊かな土壌(Foundation)を共に創り、未来共創を加速する、未来共創カンパニーです。

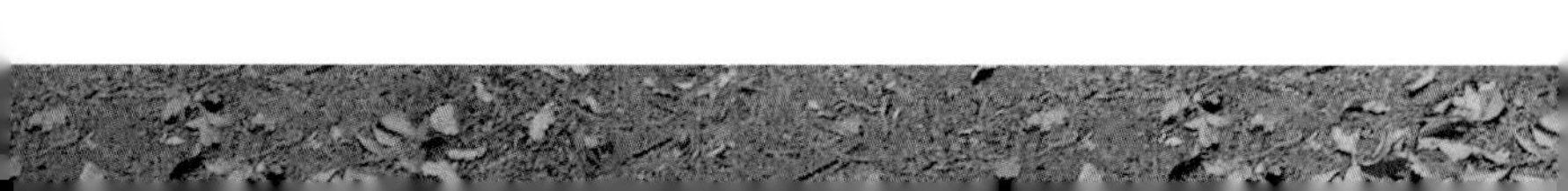

私たちは創業以来、**“人的資本に徹底してこだわる”**を信念とし、Willpowerの森の主体者として、**コンサルティングに留まらない社会実装者**としての活動を行ってきました。私たちのリーダーシップやイノベーションなどのプログラムに参加したメンバーと共に、**インドのアーユルヴェーダと日本の漢方を結合**させた新しいビジネスを創ったり、フィリピンの世界遺産で**未電化地域のパラワン島に地域マイクログリッド**を通したりしているのは、その一例です。（中略）

今期の取り組みとして、Willpowerの森の生態系を更に力強いものとするため、事業の進化を図ると共に、私たちのサービスのDX化に取り組んでいます。また、社員一人ひとりが、希少な人的資本として更に磨きをかけることを通じ、ステークホルダーの皆さまの**真の共創パートナーであり続けたい**と考えています。従来型のコンサルティングサービスを超えた**社会実装する会社としてのICMGグループ**にご期待ください。

株式会社ICMG
代表取締役社長 兼 グループCEO
船橋　仁

VISION

目指す将来像

CEO MESSAGE

私たちICMGグループは、「世界中の意志ある仲間と未来を共創する」をPurposeとし、意志ある仲間の集合体としての「**Willpowerの森の生態系を創る**」ことを目指し、日々事業に取り組んでいます。

Willpowerの森は、意志ある仲間と共に「社会共通善」を大目的として、3つのパーパスアジェンダ(①Green Transformation：GX、②Digital Transformation：DX、③Social Transformation：SX)を社会価値創造のテーマとして、それを2つの提供価値(①Human Capital Creation、②Co-Creation／Investment for Society)で実現するものです。

PURPOSE

存在意義

Green Transformation
脱炭素社会に向けた行動イノベーション

ICMG 執行役員（共創開発担当）
兼 TEPCO i-フロンティアズ 代表取締役社長
兼 Global Thermostat Japan Managing Director
菊池 英俊

気候変動は今や人類社会のみならず、地球の未来を左右するクリティカルな課題と言えます。地球温暖化への対策を掲げて行動する人・企業・国は増えてきていますが、現状の取り組みでは全く不十分で、温暖化が不可逆的に進行する転換点に近づきつつあります。異常気象が暴走する未来か、持続可能で健やかな未来か。「未来に良い地球を残せて良かった」と言えるよう、今やらなくてはならないことを実践していきます。

私たちは産官学の皆さまと共に、Direct Air Capture（DAC）というテクノロジーを活用し、大気中の二酸化炭素を直接回収し地中に貯留したり、回収した二酸化炭素を資源として再利用したりする取り組みを進め、この難題の解決に資する新たな事業の創出を目指しています。（以下省略）

Digital Transformation
人とデジタルの協働社会の実現

ICMG 取締役COO
兼 ICMG Digital 取締役
和田 宏行

ICMG Digitalは、経営層の持つパーパス、ビジョン（WHY?）をデジタルの力（HOW）に繋げ、社会のイノベーション（WHAT）を加速化します

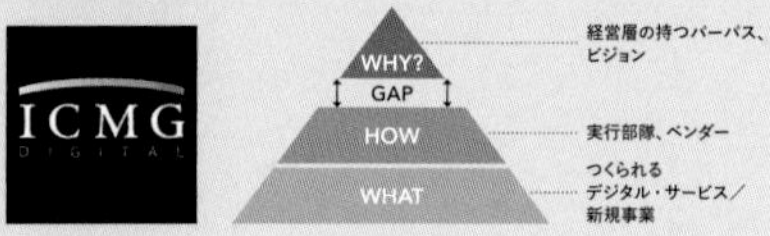

デジタル技術は今後の社会における主軸ですが、多くの企業がデータ活用・収集に課題を抱えています。私たちは「アナログな業務手法に慣れていて、いざDXと言われても踏み込めない。」といった、DXの「実装」における、多くの経営者・DX担当者の問題意識に触れてきました。

ITの促進から業務をDXへと結びつけていくことは急務です。そこで2023年、私たちはICMG Digital社をシンガポールと東京に設立しました。パーパス・ビジョン・経営戦略の策定から実践、それらを下支えするデジタルソリューションの実装までを一気通貫で担っていきます。システム導入だけではなく、（以下省略）

Social Transformation
新たな社会エコシステムの構築

ICMG 執行役員（イノベーション推進担当）
兼 ICMG Singapore Director
辻 悠佑

世界ではWell-beingへの注目が高まっています。地球上に存在する一人ひとりが幸せであり、人間らしく豊かであることをより重視した世界観への期待です。

今、財務指標を過度に重視した、従来型の資本主義社会は限界を迎えています。短期的に儲からないことや規模が大きくないことはやらないという、過度な経済合理性や経済成長の追求は多くの課題を地球上に残しました。これらの問題意識の高まりから、多くの人が財務から非財務へと転換する世の中へ期待を寄せています。

私たちはWell-beingを軸とした社会変革への大きな挑戦に立ち向かいます。多様なステーク（以下省略）

知的資本経営

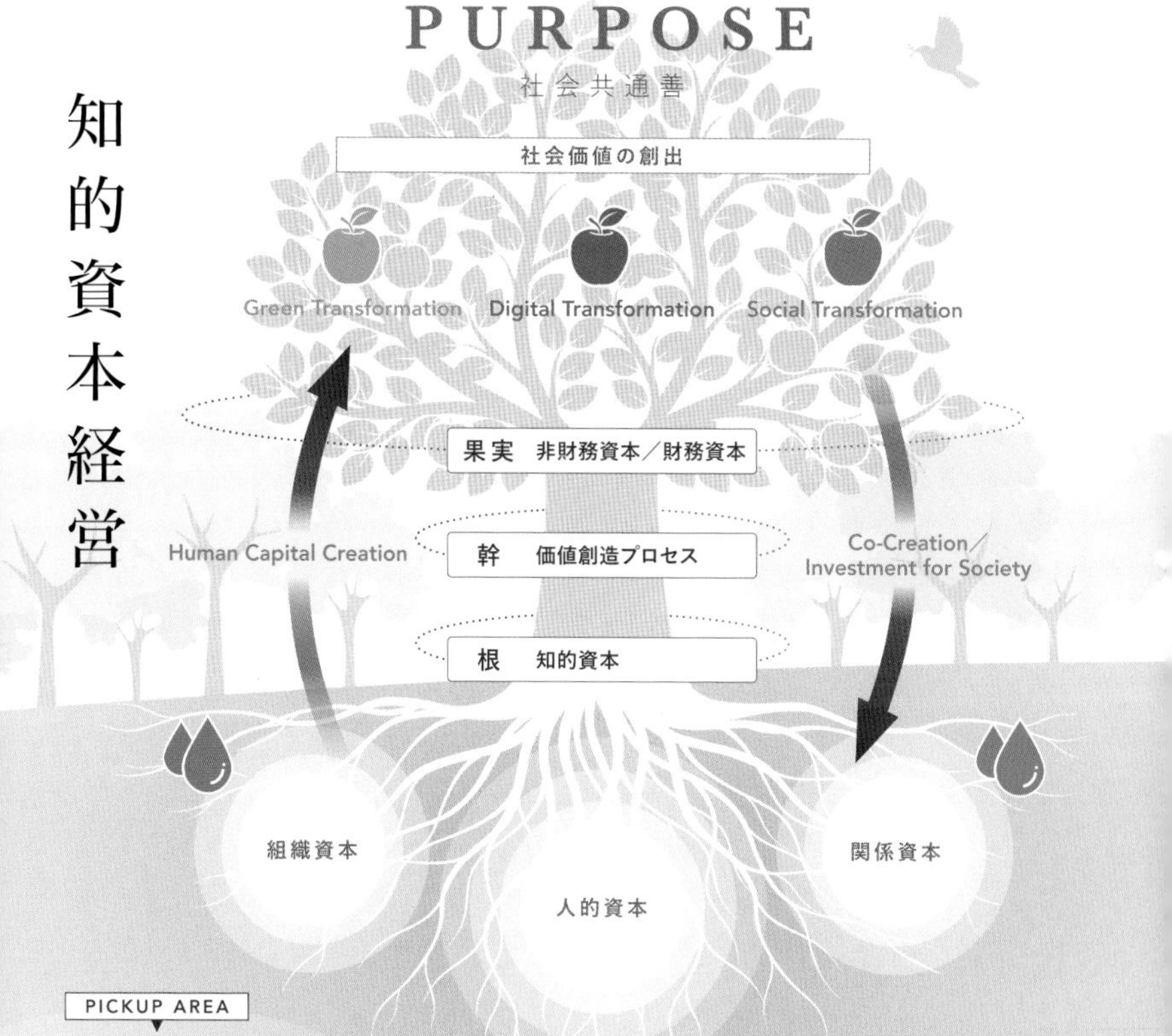

PICKUP AREA

Human Capital Creation
人的資本からの価値創造

「人的資本」を起点と捉え、価値創造を実践する

私たちは創業以来、「全ての価値は人から生み出される」を経営の根幹に据えて事業を行っています。人材は損益計算書上ではコストとして計上されます。しかし、人材こそが価値を生み出す最大の資本です。バランスシートに表れない「人的資本」を価値創造の起点と捉え、人材力を戦略的に高め、成果に結びつけていくことこそが企業の持続成長にとって最も重要であると考え、実践を通じて社会に浸透させてきました。

私たちは企業活動を木の生態系になぞらえています。木の根っこにあたる人材や組織の持つ強みをビジネスモデルに昇華させ、実践することで「果実=価値」を生み出し、企業の持続成長と社会価値の創出を実現することを生業としてきました。これが、木の絵の「下から上」の流れです。(以下省略)

Co-Creation／Investment for Society
社会価値の共創

社会共通善・社会課題解決に繋がる価値を共創し、実装する

個社に閉じた企業の価値創造や持続成長には限界があります。私たちは様々な方と対話をする中で、個社の企業ビジョンを超えた、社会パーパスが重要であり、そのパーパスを再定義する必要があると感じています。当社では、以下の3つをパーパスアジェンダとして定義しました。

- Green Transformation：脱炭素社会に向けた行動イノベーション(Climate Change)
- Digital Transformation：人とデジタルの協働社会の実現(Robotics & DX)
- Social Transformation：新たな社会エコシステムの構築(Well-being Society)

「人的資本からの価値創造」という下から上の流れに加えて、社会価値や社会課題 、社会共通善(以下省略)

人とデジタルの
協働社会の実現
新たな社会エコシステム
の構築
ormation
Social Transformation
enter
仲間が集い・繋がり・
共創する場
Co-Creation ／
Investment for Society
次代を担う共創プロジェクト
推進と、投資を伴う成長支援

Willpowerの森 生態系

強い意志が共鳴しあい、
叡智を超えた豊かな森をつくりだす

4Dサイクル
多数の顧客との実績に裏打ちされた、
実践的な社会価値・企業価値向上の方法論

持続的な
企業価値
向上モデル

1. 見出す Discover → 2. 描く Design → 3. 実践する Deliver → 4. 伝える Disclose → 1. 見出す Discover

アウトカム
木を取り巻く森を繁栄させる

▲

木を取り巻く森を観る — 2. 描く Design

▲

アウトプット
木の果実を実らせる — 4. 伝える Disclose

▲

価値創造プロセス
木の幹を育む、木の根を伸ばす — 3. 実践する Deliver

▲

インプット
木の根を診る — 1. 見出す Discover

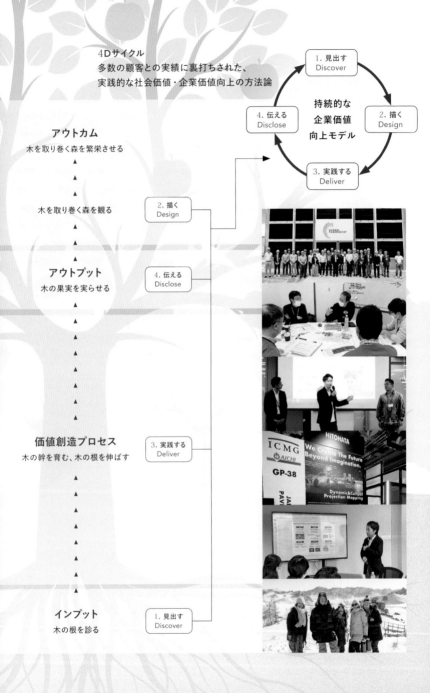

価値提供領域

ICMGグループの提供するサービス

私たちの仕事は、生きた作品として人々の生活や仕事に活かされているだろうか?	**社会価値共創・実装プロジェクト** 社会共通善の実現・社会課題の解決に向けた共創と社会実装 • 「Green Transformation」「Digital Transformation」「Social Transformation」 • Global Thermostat Japan、ICMG Digital、M&IT、TEPCO i-フロンティアズ、Greenway Grid Global
私たちの取り組みは、広く社内外ステークホルダーに共感してもらえるだろうか?	**パーパス・戦略フォーカスデザインプロジェクト** 「企業会社の存在をかけた社会価値」の描き出し・言語化と展開 • パーパスデザイン・浸透 • Navigatorデザイン **価値創造ストーリープロジェクト** パーパス実現に向けた確かな歩みのストーリー化と発信 • パーパスブック • 価値創造ストーリー:統合経営、統合報告
私たちの会社は、自社の収益を超えて、社会価値を生み出せるだろうか?	**イノベーション・共創プロジェクト** 価値創造の源泉×共創で社会価値創造・企業変革を実現する経営・事業基盤の構築・実践 • 未来共創:世界・日本・地域・企業にとっての本質的な課題解決/未来共創型コンサルティング • 共創ファンド:日本およびアジア、インドのスタートアップへの投資と、日本の大企業との共創推進 • 組織変革・戦略人事:「Willpower Leader」の力の「Willpower Organization」への転換・拡張と、実践力向上
私たちは、組織を越えて、自由闊達に意見を交わし、新しい価値を生み出せるだろうか?	**Future Center プログラム** Future Center活動による、組織・地域を越えた社会価値の共創 • Future Center Academy • Global Leader Training、One Week Program • 戦略人事マネージャー塾 • 共創の会、Willpower Leaderの会
私たちは、圧倒的当事者意識と強い意志力(Willpower)を兼ね備えた次世代を担う事業家/経営者を輩出できているだろうか?	**智と軸のリーダーシッププログラム** 社会価値を創出する/企業変革を導くWillpowerを持ち、次世代をリードする圧倒的な当事者意識と実践智ある真のリーダーの輩出
私たちは、未来に向けて、社会にとっての価値の源泉(本質的な価値)を捉えられているだろうか?	**知的資本の可視化プログラム** 価値創造の源泉となる知的資本の可視化 • IC Rating®(Intellectual Capital Rating:知的資本評価) • HC Rating(Human Capital Rating:人的資本評価)

Willpowerの森を繁栄させるKPIと2022年度の取り組み

アウトカム

Impact

Green Transformation
- Global Thermostat
- Global Thermostat Japan

DAC技術による大気からのCO^2回収に貢献

Digital Transformation
- ICMG Digital
- Future Lab HANEDA
- エンゲージメントセンター設立(実施中)
- 各社のDXプロジェクト

新たなDXの場・プロジェクトの推進数

Social Transformation
- 愛知県、UNDP(国際連合開発計画)
- TEPCO i-フロンティアズ
- 引っ越し連絡帳
- Greenway Grid Global

GGG/CGPパラワン島電力供給対象者数

アウトプット

Leadership

Innovation

財務成果
グループ売上高

Future Center

Social Implementation

価値創造プロセス

Investment
運用ファンド総額

Willpowerの森を共創するスタートアップへの投資と、エコシステム構築・共創事業拡大に活かす運用ファンドの総額

Innovation
プロジェクト数

世界にとって本質的に意義のあるイノベーションを創り出すという目的のもと、世界中・日本中の意志ある仲間との未来共創の機会の数

Willpowerリーダーの輩出
Future Center
プログラム参加者数

企業・社会を変革(GX、DX、SX)に導くWillpowerを持ち、実践するリーダー数

ICMGグループのFuture Centerを活用し、共創を実践するリーダー数

Leadership
リーダーシッププログラム数

企業の枠にとらわれず、社会にとって価値あるものを創り出す真のリーダーを育成する機会の数

インプット

ICMGグループ知的資本

Director of IC(DIC)人数
自らのWillpowerに基づき、パーパスアジェンダの実践・提供価値の創造をするICMGグループにおけるリーダー数

顧客・パートナー基盤
社会共通善、Willpowerの森、知的資本経営に共感し、共創を実践する企業数

プレミアムコーチ数
Willpowerの森構想に共感・実践する、企業経営の経験を持った、ICMGグループのWillpowerリーダー数

グループ、関連会社数
Willpowerの森の構想・実践を推進する、Willpower、知的資本を持った共創の中心となる企業数

場(BA)の数
共創を構想・実践する舞台となる場(BA)の数

Willpowerの森デザイン&ダイアローグセッション数
ICMGグループメンバー自らのWillpowerとエンゲージメントを高める機会の数

Willpowerの森を繁栄させるKPIと取り組み

ICMGグループのPurposeは、「世界中の意志ある仲間と未来を共創する」。

「自らが社会価値創出・社会変革の実装に踏み込む」×「Willpowerを持つ仲間たちを創り、巻き込む」両者を通じて、社会共通善を実現する。

▶ Willpowerの森　価値創造の流れ

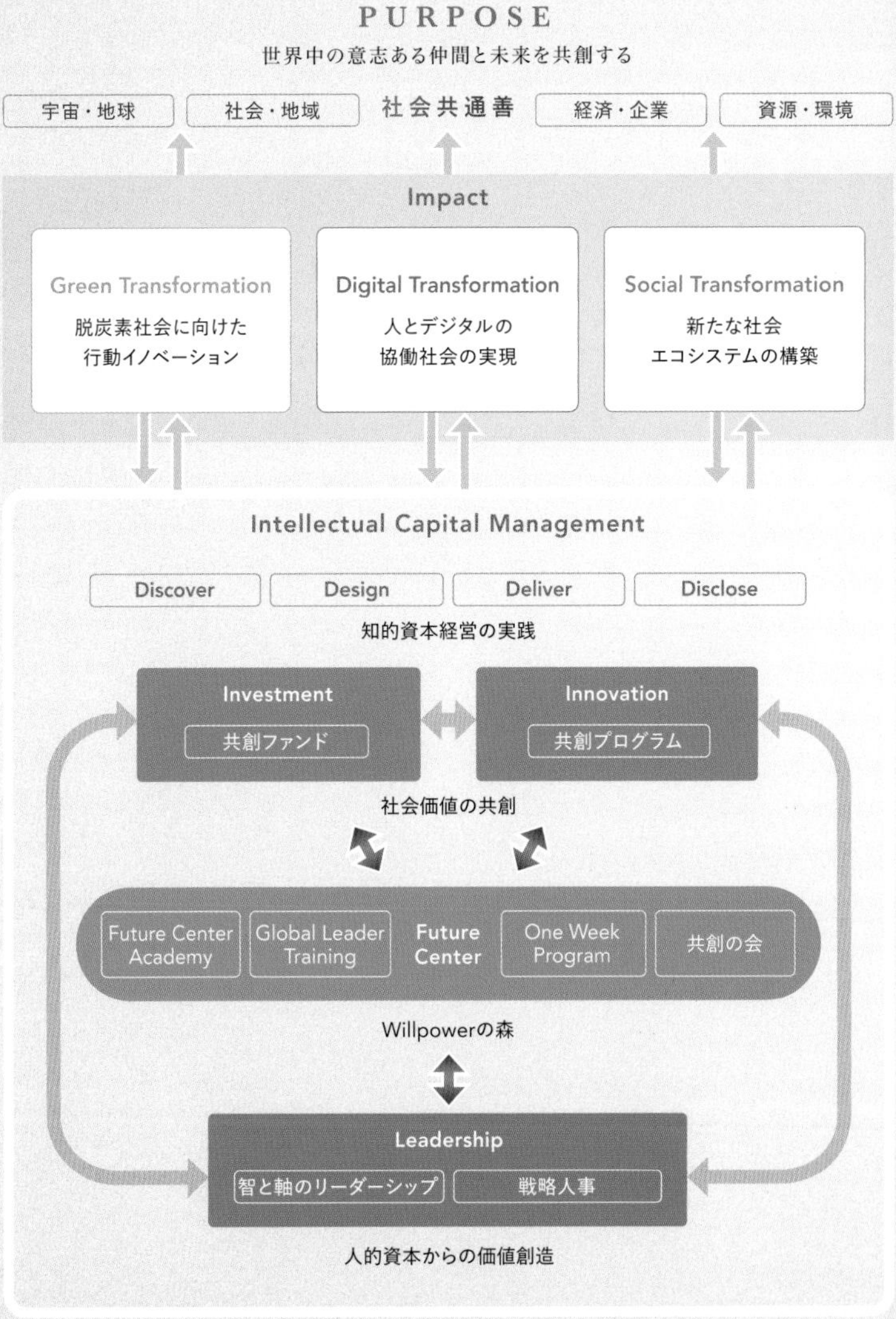

2018年 7月 東京電力パワーグリッドと中部電力および当社との合弁会社Greenway Grid Global設立（本社：シンガポール）

2019年11月 UNDP Global Centre for Technology, Innovation and Sustainable Developmentとのアジアにおける SDGsイノベーションの加速に向けた戦略提携契約締結（ICMG Pte., Ltd.）

2020

2020年 2月 本社を東京都千代田区丸の内に移転し、新本社「Future Center Tokyo」をオープン

2021年 5月 日本空港ビルデング、羽田未来総合研究所、きらぼし銀行と「共創ファンド」設立

2023年 2月 ICMG Digital Pte. Ltd.設立（本社：シンガポール）

5月 株式会社ICMG Digital設立（本社：東京）

7月 米国Global Thermostat社と当社との合弁会社Global Thermostat Japan設立（本社：東京）

2020

2021

2023

花喰い鳥は、幸せを運ぶ鳥です。私たちが構想するWillpowerの森を豊かにし、
森と森のコミュニティを繋ぐICMGグループメンバーの象徴です。
しなやかに境界線を越え、新しい果実を実らせ、社会に価値を還元します。

株式会社ICMG（ICMG Co., Ltd.）

設立	2000年4月
資本金	336,850,000円（資本準備金を含む）
従業員数	50名（単体） 110名（グループ連結）（2023年8月1日）
住所	〒100-0005 東京都千代田区丸の内2-1-1 明治安田生命ビル11階

会社HP
https://www.icmg.co.jp/

発行：2023年9月

ICMGグループの未来へと続く、過去から現在

人的資本からの価値創造と社会価値の共創を通じて「Willpowerの森」に至る歩み

2000

2001年10月　知的資本の測定・向上コンサルティングを開始

Intellectual Capital Sweden(ICAB社)保有の知的資本可視化手法(IC Rating®)独占ライセンス締結

2002年 2月　経済産業省「知的資本に関する調査研究」受託

2003年 4月　日立製作所と戦略的提携を行い、企業変革支援開始

2004年 9月　経済産業省「知的資産と企業価値に関する研究会」運営受託(座長)

2005

2005年 5月　産業再生機構(当時)傘下の再生案件受託

10月　経済産業省「知的資産経営の開示ガイドライン」策定を支援

2006年10月　証券取引所による上場企業への経営診断サービスを受託

2007年 9月　ファンドの投資先企業への経営力調査を受託

2009年 3月　本社を東京都千代田区内幸町に移転

11月　ICAB社よりIC Rating®ライセンスと海外パートナーネットワーク取得

2010

2010年 3月　ICAB社を子会社化(100%出資)

2011年 6月　ICMG FINANCIAL SERVICES(現ICMG PTE.,LTD.)設立(本社:シンガポール)

10月　株式会社アクセルから株式会社ICMGへ社名変更

2012年 1月　ICMG Consulting India設立(本社:インド・バンガロール)

2013年 1月　北京ICMG咨詢有限公司設立(本社:中国・北京)

2014年 1月　企業の「経営」と「業務・IT」の連動コンサルティングを目的としたM&IT株式会社設立

2015

2015年 7月　ICMG USA設立(本社:米国・シリコンバレー)

2017年 9月　東京電力エナジーパートナーとの合弁会社TEPCO i-フロンティアズ株式会社設立

2001

2009

2011

2015

2017

2018

2019

知的資本経営入門

Introduction of “Intellectual Capital Management”

北欧で生まれ、日本が育てた、世界標準の新しい経営モデル

2023 年 12 月 22 日　初版 第 1 刷 ©

著　者　船橋 仁　河瀬 誠　登内 大輔　石川 博久
発行者　髙松 克弘
発行所　生産性出版
〒102-8643　東京都千代田区平河町 2 - 13 - 12
日本生産性本部
電　話　03-3511-4034
https://www.jpc-net.jp/

装丁・本文デザイン　田中 英孝
印刷・製本　サン

ISBN 978-4-8201-2123-7